Vivos no Coração

Como lidar com o sofrimento causado pela perda de entes queridos

Alexandra Kennedy

Vivos no Coração

COMO LIDAR COM O SOFRIMENTO CAUSADO
PELA PERDA DE ENTES QUERIDOS

Tradução
EIDI BALTRUSIS CARDOSO GOMES

EDITORA PENSAMENTO
São Paulo

Título do original:
Your Loved One Lives on Within You

Copyright © 1997 Alexandra Kennedy.
Publicado mediante acordo com Berkley Publishing Group, da Putnam Berkley Group, uma divisão da Penguin Putnam Inc.

Todos os direitos reservados. Nenhuma parte deste livro pode ser reproduzida ou usada de qualquer forma ou por qualquer meio, eletrônico ou mecânico, inclusive fotocópias, gravações ou sistema de armazenamento em banco de dados, sem permissão por escrito do proprietário.

O primeiro número à esquerda indica a edição, ou reedição, desta obra. A primeira dezena

Edição	à direita indica o ano em que esta edição, ou reedição, foi publicada.	Ano
1-2-3-4-5-6-7-8-9		00-01-02-03-04

Direitos de tradução para o Brasil
adquiridos com exclusividade pela
EDITORA PENSAMENTO LTDA.
Rua Dr. Mário Vicente, 374 — 04270-000 — São Paulo, SP
Fone: 272-1399 — Fax: 272-4770
E-mail: pensamento@snet.com.br
http://www.pensamento-cultrix.com.br
que se reserva a propriedade literária desta tradução.

Impresso em nossas oficinas gráficas.

Para Jon

Agradecimentos

Gostaria de agradecer especialmente a Hillary Cige, minha editora na Berkley, por seu inestimável apoio a este livro; a Suzanne Lipsett, cujas opiniões especializadas e cuidadosa editoração o tornaram muitíssimo melhor; à minha agente, Laurie Fox, por seu profundo compromisso com a excelência e pelo prazer de compartilhar este trabalho com ela; e a Kathryn Hall, por promover este livro com tanta delicadeza e perseverança. A equipe da Berkley merece uma especial gratidão pelo cuidado e atenção dispensados quando do nascimento deste livro.

Meu profundo agradecimento aos alunos do Instituto de Psicologia Transpessoal (IPT), cuja contribuição enriqueceu significativamente esta obra; aos meus pacientes, que têm me servido de inspiração com sua coragem em face do sofrimento; e a todos aqueles que compartilharam suas histórias, nos seminários ou por meio de cartas e entrevistas. Com o intuito de preservar a privacidade e o anonimato dos que contribuíram para este trabalho, alterei nomes e outros detalhes que pudessem identificá-los, exceto quando solicitada a fazer o contrário.

Aos meus amigos, por sua oferta de amor, apoio moral e idéias inovadoras — obrigada! Gostaria de ter espaço aqui para citá-los a todos; contudo, conservo cada um deles em meu íntimo com gratidão. Meus agradecimentos também a Ken Ring, Michael Toms e Hal Bennett por suas sábias palavras e encorajamento, e a Robert Frager por ter me levado à família do IPT há três anos. A Patty Flowers, da Universidade da Califórnia, Extensão Santa Cruz, ofereço minha amorosa gratidão por sua amizade e confiança em mim — e por me proporcionar a minha primeira aula sobre esse assunto. Ned Hearn, Rob Sals e Matthew Berger foram generosos com seus conselhos.

Sinto-me imensamente grata à minha família por seu amor, tolerância e generosidade, especialmente minha mãe, Dan, Van e Beth,

Bob e Dawn — assim como meu pai, que tem sido uma presença vivificadora em meu coração. Meu filho merece especiais agradecimentos em razão de sua ajuda representada por abraços, incentivo apaixonado e perspectiva adolescente. Sou verdadeiramente abençoada pelo fato de esse jovem cheio de entusiasmo e talento ser meu filho. Meu marido, Jon, foi mais uma vez meu crítico mais rigoroso e meu maior apoio. Seu amor, inteligência e orientação permeiam este livro e cada aspecto de minha vida. Após 25 anos de casamento, ele é — mais do que nunca — o amor da minha vida. Este livro é dedicado a ele.

Sumário

Introdução   11

PARTE UM: Explore seu Mundo Interior

1. A presença viva dentro de você   17

PARTE DOIS: Contato Interior

2. A comunicação com alguém que está à beira da morte   41
3. Sonhos com alguém que já faleceu   65
4. Cartas: o início de uma troca de correspondências   91
5. Diálogos: deixe-se levar para onde eles o conduzirem   110
6. O contato por meio da imaginação   128

PARTE TRÊS: Contato Exterior

7. Comunicação com a família após um falecimento   145
8. Comunicação com o parceiro   168
9. Contato com os filhos   183
10. Contato com os amigos   192

Epílogo   201
Bibliografia   205

Introdução

Poucos de nós já expressaram plenamente o amor que sentem por alguém. Com receio de sermos magoados, resistimos a nos tornar tão vulneráveis e abertos quanto a admissão plena de nossos sentimentos exige. Apesar de nossos esforços para evitar mágoas e ressentimentos, estes, entretanto, vão se acumulando em nossos relacionamentos com a família e com os amigos. Reprimidas, essas feridas fecham nosso coração, criando uma distância entre nós e nossos entes queridos e aumentando ainda mais nossa dificuldade de expressar amor e apreço. Assim, quando um ente querido morre, talvez fiquemos cheios de arrependimento por tudo aquilo que não foi dito. A percepção de que todas as oportunidades para uma última conversa ou mesmo para apenas um adeus foram perdidas pode ser angustiante. Muitos de meus pacientes têm declarado, com relação à própria mãe, avó ou irmã: "Como eu gostaria de ter-lhe dito que a amava antes que ela morresse." Esse tipo de assunto inacabado pode nos impedir de esquecer e de continuar a viver nossa vida. Em nossa dor, velhos ressentimentos, arrependimentos e amor não-expresso podem nos consumir, criando feridas que contaminam todos os nossos outros relacionamentos.

Você pode considerar impossível abandonar tais questões não-resolvidas e resignar-se a viver com suas lembranças, arrependimentos e decepções. É verdade que você nunca mais estará na presença física da pessoa querida que partiu, e eu de forma alguma pretendo menosprezar a dor cruciante que está contida na aceitação da irreversibilidade da morte. Anos após a morte de meu pai, ainda sinto saudade do calor de sua mão sobre a minha e anseio ouvir sua voz ou poder vê-lo apenas mais uma vez.

Contudo, alegro-me sempre que meu pai aparece em meus sonhos e meditações. Seu corpo é forte e pleno de vitalidade, e ele mantém o peito e os ombros orgulhosamente erguidos, como fazia em vida. Seus cabelos são levemente grisalhos e seus olhos castanhos, suaves e acessíveis. Nesses momentos, posso tocá-lo, sentir o calor das mãos dele e ouvir sua voz ecoando no espaço com uma agradável ressonância. Meu coração sabe que a morte não pôs um fim ao nosso relacionamento. Pelo contrário, na sombra escura da dor, nosso relacionamento tornou-se muito mais terno.

Foi durante a doença dele que fiz a descoberta de que eu podia me ligar a meu pai interiormente. Tenho uma lembrança vívida do dia em que ele recebeu o diagnóstico, um dia desolador, embora o sol estivesse brilhando. Para mim, parecia que as cores haviam desaparecido da Terra e do céu. Eu me senti perplexa e desesperada. O câncer já havia se disseminado pelos ossos, por meio de metástases.

Apesar do fato de sua recuperação parecer bastante improvável, meu pai continuou a viver como se nada tivesse acontecido, mantendo a doença em segredo, sem revelá-la aos amigos e colegas de trabalho. Todos os dias saía para trabalhar, como de costume; todas as noites ficava prostrado com a dor. Recusava-se a falar sobre a morte comigo ou com minha mãe. Eu queria vencer suas defesas, compartilhar com ele meu medo de perdê-lo.

Um dia, depois de chorar durante horas, mergulhei em desespero ao olhar uma fotografia em branco e preto de meu pai. Ele estava sentado, imponente, numa cadeira inclinada para trás, vestindo uma camisa branca engomada com as mangas enroladas, a gravata puxada para um lado e com um sorriso generoso em seu rosto. Vendo aquela imagem, percebi que papai iria morrer como tinha vivido: negando sua doença, com dignidade e coragem.

Fechei os olhos e rezei, pedindo ajuda para enfrentar a perda de meu pai. Fiquei sentada por muito tempo, sofrendo em silêncio. Não houve resposta, nenhuma percepção especial, mas apenas espaço vazio e a sensação de uma dor quente em meu peito. Subitamente, um golfinho aflorou à minha mente. Foi seguido por outros, todos tecendo com fios dourados uma trama ao redor da Terra. Embora não fizesse sentido, essa imagem espontânea iluminou meu coração. Eu esperava que fosse uma resposta às minhas preces, porém não estava claro para mim como aquilo poderia sê-lo.

No dia seguinte, sentei-me novamente em silêncio, abrindo-me para o que pudesse acontecer. Dessa vez, ao fechar os olhos, vi a imagem de meu pai afundado numa cadeira, enquanto uma mulher desconhecida cuidava dele com ternura. Dominado pela dor, ele nada dizia, mas compreendi que sabia de minha presença e estava grato por ela. Compreendi também que meu pai vivia em meu íntimo tão vividamente como em minha vida exterior. Daquele momento em diante, nosso relacionamento interior desabrochou em sonhos e meditações. Ele me abraçava quando eu chorava; eu o abraçava quando ele estremecia de dor. Conversávamos sobre mágoas e ressentimentos passados. Ele se mostrava vulnerável e aberto comigo, de uma maneira que nunca havia acontecido antes. Os laços que nos uniam ficaram mais fortes no decorrer de sua curta doença, e sua morte o transformou — em meu íntimo ele se tornou mais sábio e livre, mais amoroso e expressivo. Nosso relacionamento cresceu em doçura e intimidade.

Para a imaginação, a morte não é um final ou uma catástrofe, mas uma transformação. Dentro de você, seu ente querido continua a existir e, com sua participação, o relacionamento de ambos irá se desenvolver e mudar. Neste livro, vou ajudá-lo a conseguir esse relacionamento especial, por meio de sua imaginação, usando métodos práticos e efetivos para solucionar velhas mágoas; compartilhar sua gratidão e desapontamentos; expressar seu amor, algumas vezes puro, outras, ambivalente; e atualizar seus relacionamentos por meio da integração de mudanças e novas percepções que tenham lhe ocorrido desde a morte de alguém que você muito amou.

À medida que for fazendo os exercícios propostos neste livro, tente pôr de lado suas suposições e expectativas. Observe especialmente, no decorrer do processo, a importância de impedir que velhas imagens e lembranças ditem a natureza do relacionamento após a morte. Esteja aberto para novas possibilidades. Você tem em seu íntimo o poder de criar e recriar seus relacionamentos, de curar velhas feridas, vivenciar uma profunda intimidade. Religue-se com aqueles a quem amou, restabeleça o diálogo perdido, transforme a ausência numa presença. O que o está afastando de um sentido de união com o ente querido é somente sua imaginação, que deve ser usada.

Espero que você use as técnicas descritas neste livro para restaurar a comunicação e abrir seu coração a um relacionamento que passou por uma transformação. A morte é um final, mas é também um início. O futuro continua em aberto. A pessoa querida que perdeu está ao seu alcance — dentro de *você* — muito mais próxima do que você supõe.

PARTE UM

Explore seu Mundo Interior

A presença daquela ausência está por toda parte.
EDNA ST. VINCENT MILLAY

Capítulo 1

A presença viva dentro de você

Quando um ente querido morre, muitas pessoas se sentem cheias de pesar por tudo aquilo que nunca foi expresso entre eles. Pode ser profundamente doloroso compreender que todas as oportunidades para uma última conversa, para dizer o que deixou de ser dito e resolver diferenças foram perdidas. Com antigas mágoas não-resolvidas, despedidas que não se realizaram ou o amor que não foi expresso, essa situação pode resultar em frustração, culpa, amargura, pensamento obsessivo — até mesmo numa impossibilidade de continuar vivendo.

Em seu pesar, as pessoas relembram, constantemente, seu último encontro com o ente querido, concentrando-se penosamente nos detalhes do que foi ou não foi dito. Meus clientes repetem vezes seguidas:

- "Como gostaria de ter-lhe dito que o amava antes que ele falecesse!"
- "Gostaria de não ter dito tantas coisas indelicadas naquele dia. Eu não sabia que aquela seria nossa última conversa."

- "Eu estava com tanta pressa. Aquele foi um dos poucos dias em que fui embora logo, e nós quase não conversamos."

São tantos os remorsos que a pessoa sente: por não ter estado presente no momento da morte; por não ter tido a oportunidade de despedir-se; por ter negligenciado numerosas oportunidades de relacionar-se de forma significativa com aquele que morreu; até mesmo por todas as vezes em que, muito tempo antes da morte, se esqueceu de telefonar ou escrever, ou protelou a realização dessas coisas. Entretanto, em minha experiência, o pesar mais profundo — aquele que traz mais sofrimento — relaciona-se com o fato de ter deixado de dizer: "Eu o amo." Essa parece ser a mensagem mais importante que podemos transmitir um ao outro; muitas vezes, achamos que temos tanto tempo para expressar o nosso amor que simplesmente adiamos fazê-lo.

Marta veio a um dos meus seminários sobre "A Perda de Um dos Pais", durante o qual compartilhou com o grupo presente o fato de que, pranteando a morte do pai, sentia-se consumida pelo pesar e pela culpa. Consternada com o alcoolismo e a brutalidade do pai, ela havia deixado de ter contato com ele meses antes de falecer. Acreditava que, distanciando-se, poderia desenvolver meios mais saudáveis de relacionar-se com ele quando restabelecessem o contato no futuro. Uma noite, já muito tarde, após vários meses de silêncio, o pai lhe telefonou parecendo desesperado. Havia bebido e articulava as palavras com dificuldade. Não querendo tomar parte na conversa, ela lhe disse que falaria com ele quando estivesse sóbrio e desligou o telefone. Na manhã seguinte, a polícia telefonou para Marta, informando-lhe que seu pai havia sido encontrado morto no apartamento em que morava. Ela ficou desolada. Meses depois, ainda se sentia tão oprimida pelo remorso e pela culpa que tinha dificuldade para seguir em frente em sua vida diária.

— Se eu tivesse ido à casa dele naquela noite — ela nos disse —, ele ainda poderia estar vivo. Sinto-me tão mal e envergonhada porque aqueles meses em que me mantive afastada dele foram os últimos de sua vida.

A situação de Marta é dramática, porém, outras circunstâncias, não tão específicas, podem da mesma forma tornar-se intensamente dolorosas. Para avaliar a natureza de seus sentimentos com relação ao desfecho representado pela morte de uma pessoa querida, pergunte a si mesmo:

- Expressei o meu amor? Compartilhei o meu apreço?
- Fomos capazes de nos mostrar abertos e honestos um com o outro?
- Quais eram as questões em nosso relacionamento sobre as quais não conversávamos?
- Havia conflitos entre nós que não foram solucionados até a época da morte?
- Sinto algum remorso?
- Ainda guardo ressentimentos do passado?
- Alguma coisa ficou por ser dita?
- Eu lhe disse adeus?

Talvez você tenha esperança de que sua dor irá desaparecer por si mesma e seu pesar se dissolva com o tempo. Talvez você sinta que é tarde demais: "Ela está morta. De que adianta?" Essas esperanças, como indicam a prática clínica e as pesquisas, são falsas. O sofrimento não-resolvido — remorsos e desapontamentos que não são reconhecidos e tratados — continua a atuar silenciosa e insidiosamente no íntimo da pessoa que ficou, resultando em sintomas como apatia, isolamento social, vícios, problemas físicos crônicos, medos, depressão, trabalho em excesso e comportamento compulsivo. O antídoto para esses sintomas é observar com cuidado uma vez mais o processo da separação, com o objetivo de identificar e resolver problemas ainda não abordados.

Neste capítulo, apresento dois conceitos que podem mudar para sempre sua maneira de ver a perda: seu ente querido continua a viver dentro de você e você poderá ter acesso a esse relacionamento por meio da imaginação. Também adotei um método eficiente, com base nesses princípios, que lhe permitirá comunicar-se *interiormente* com seu ente querido já falecido, e resolver assuntos inacabados, expressar seu amor, sentindo-se mais em paz consigo mesmo. Em capítulos posteriores, iremos nos ocupar da técnica: como, em termos práticos, colocar esses princípios em ação. Por enquanto, porém, minha meta neste capítulo inicial é assegurar-lhe que os instrumentos para reatar os laços com a pessoa que pode ter julgado perdida para sempre existem de fato.

BEM ATRÁS DA PORTA

A maioria de nós encara a morte como um final, uma perda definitiva. Presumimos que uma porta foi fechada, que o nosso ente querido partiu, desaparecendo também quaisquer possibilidades de reconciliação. É verdade que o antigo relacionamento chegou ao fim. Você nunca mais se encontrará na presença física da pessoa. Entretanto, a morte não precisa separá-lo irreversivelmente daqueles a quem ama. O relacionamento interior com aqueles que morreram continua após a morte. Desenvolvendo-se constantemente em seu íntimo, ele lhe oferecerá oportunidades preciosas, e até então não aproveitadas, de recuperação, resolução e até mesmo orientação. Costuma-se dizer que cada final traz em si um novo começo. Da mesma forma, o fim de uma vida pode gerar um novo início em seu relacionamento com a pessoa que você considera perdida para sempre.

Para muitos, esse conceito é novo e difícil de aceitar. Você poderá resistir à idéia a princípio, mas se estiver disposto a pôr em prática os métodos apresentados neste livro, irá viver de forma direta esse relacionamento interior. Quando isso ocorrer, nunca mais duvidará de que seu ente querido continua vivendo — dentro de você.

Você poderá ter sonhado uma ou mais vezes com a pessoa, e esses sonhos lhe pareceram tão reais que, ao acordar, perguntou-se se ele ou ela ainda estariam vivos, afinal de contas. Os sonhos, em geral, nos dão os primeiros vislumbres desse relacionamento ininterrupto. O psicólogo Carl Jung teve essa reação quando sonhou com seu falecido pai, seis semanas após a morte deste: "Subitamente, ele apareceu diante de mim e me contou que estava voltando das férias. Tinha tido uma boa recuperação e vinha para casa. Pensei que ele ficaria aborrecido por eu ter me mudado para o seu quarto. Porém isso não aconteceu! Contudo, fiquei envergonhado por ter imaginado que ele havia morrido... Depois disso, refleti sobre o assunto diversas vezes: 'O que significa o fato de meu pai retornar em sonhos e parecer tão real?' Essa foi uma experiência inesquecível e me forçou, pela primeira vez, a pensar sobre a vida depois da morte" (Jung, p. 96).

Como um exemplo mais próximo de nós, na noite após sua morte, o marido de Brenda, que participava de meus seminários, apareceu a ela num sonho. Quando Brenda demonstrou surpresa ao vê-lo diante dela, radiante e saudável, ele a censurou suavemente: "Eu nunca a deixei." Muitos desses sonhos têm um tema em comum: a pessoa que morreu está convencida de que o relacionamento continua, enquanto que aquele que pranteia/sonha com seu ente querido luta para aceitar essa idéia.

Qual é a freqüência desses sonhos? Numerosos estudos têm enfocado os contatos após a morte. Em 1984, o National Opinion Research Council realizou uma pesquisa pública sobre experiências de comunicação com os mortos: 67% das pessoas cujos cônjuges haviam falecido relataram a ocorrência desses contatos; por outro lado, 42% da população em geral confirmaram ter tido a mesma experiência. Em 1976, os pesquisadores Kalish e Reynolds escreveram a respeito de contatos após a morte no livro *Death and Ethnicity*. De acordo com seu estudo, 50% das mulheres e 30% dos homens relataram contatos dessa natureza; a forma mais comumente relatada foi por meio de sonhos.

Eu, pessoalmente, não tenho certeza de que essas experiências envolvam contatos reais com os mortos — ninguém pode ter essa certeza — porém, a própria existência desses relatos atesta o fato de que os nossos entes queridos continuam a viver em nós sob a forma de uma presença interior. Em lugar de debatermos a veracidade dessas experiências, vamos nos concentrar nos relacionamentos interiores incontestáveis com os nossos entes queridos que já morreram, desenvolvendo-os, aprofundando-os e aprendendo a apreciá-los. A passagem para esses locais de contato é a imaginação, como a história de Rita, outra participante de um de meus seminários, ilustra de maneira comovente. Tendo como meio a sua imaginação, você poderá viver o relacionamento por si mesmo, o que Rita fez num seminário que realizei sobre a dor da perda de um ente querido. Eu a tinha orientado para entrar numa casa imaginária onde iria encontrar o marido.

A História de Rita

Quando Rita passou pela porta de entrada, dirigindo-se à sala de estar, ficou maravilhada com a visão que teve do marido. Ele vestia uma camiseta azul-claro, calça cáqui, e usava um par de tênis sujos de grama; estava sentado numa cadeira de braços, com o queixo descansando confortavelmente numa das mãos. Abalada pela subitaneidade do encontro, Rita parou e olhou para Barry mais cuidadosamente; tinham se passado meses desde que o vira pela última vez. A expressão de seus olhos castanhos era amorosa e risonha. As pequenas linhas de preocupação em sua testa haviam desaparecido, assim como a tensão que endurecia seu maxilar. Antes exaltado e sempre com pressa, Barry agora permanecia tranqüilamente sentado, como se tivesse todo o tempo do mundo.

Com o coração batendo violentamente no peito, Rita aproximou-se. Ela havia se convencido de que nunca mais o abraçaria ou falaria com ele. Ela lutava com sua dor, sem ter-lhe dito adeus, sem ter-lhe dito o quanto o amava. E, contudo, ali estava ele em sua imaginação — e a experiência era muito real. Ao se abraçarem, ela podia sentir o calor do corpo dele.

Rita falou primeiro, fazendo as perguntas que a tinham mantido acordada noite após noite.

— Barry, o que aconteceu com você? Você se sentiu solitário ao morrer? Teve medo? Pensou em mim?

O som familiar da voz dele surpreendeu e consolou Rita ao mesmo tempo.

— Tudo aconteceu tão depressa. Num minuto, eu estava em frente ao balcão da companhia aérea; no instante seguinte, fui dominado por uma forte dor no peito. Não conseguia respirar. Fiquei com medo, mas só por um breve momento. Depois tudo escureceu.

Rita refletiu durante alguns minutos, sentindo-se aliviada pelo fato de ele não ter sofrido muito. Em seguida, ocorreu-lhe que ele não tinha pensado nela antes de morrer. Ficou zangada e depois envergonhada por estar sendo tão egoísta. Já se debatia com os mesmos conflitos e inseguranças que tinham marcado o relacionamento deles.

— Nunca pensei no fato de que um dia você iria morrer. Achei que tinha muito tempo para lhe dizer como o amava. Tinha receio de admitir para mim mesma o quanto você significava para mim. Queria me sentir segura primeiro, de maneira que eu pudesse me tranqüilizar, sentindo que você gostava mais de mim do que de seu trabalho. Lamento ter me preocupado excessivamente com a minha própria segurança e tão pouco com a nossa união. Sinto uma falta terrível de você.

— Rita — Barry respondeu —, quero que saiba que eu nunca me importei mais com o meu trabalho do que com você, mesmo que eu desse essa impressão. Era mais fácil para mim mergulhar no trabalho porque isso me fazia sentir que era bem-sucedido. Em casa, geralmente me sentia derrotado e pouco amado. Você se sentia frustrada comigo a maior parte do tempo e insistia em me dizer isso! Eu não conversava com você o suficiente, não a ajudava o bastante, eu não a compreendia. Se tivesse que me casar com você novamente, eu lhe daria mais apoio e carinho. Ouviria mais suas palavras. Deve compreender que eu não sou mais aquilo que fui em sua vida. Não podemos mais compartilhar os momentos especiais de nossa vida diária juntos. Porém, eu nunca a abandonei. Estou aqui, e a amo muito."

Passando a mão pelos cabelos do marido, Rita disse suavemente:

— Por que não podíamos conversar desta forma quando você estava vivo! E, contudo, não consigo me imaginar partilhando essas coisas com você antes. Tantas vezes chamei-o desesperadamente, desde que você se foi: "Fale comigo!" Mas não houve resposta. Senti raiva por você ter-me abandonado e culpada por não estar lá quando você morreu. Agora, quero apenas me sentir próxima de você. Pode me abraçar por um momento mais, Barry?

Barry segurou Rita em seus braços. A princípio ela chorou; depois, em silêncio, suas almas se uniram. Quando finalmente se separaram, Rita murmurou para seu amado:

— Sei agora que você vive em meu coração. Eu o amo tanto! E não tenho receio desse sentimento.

— Eu a amo, Rita. — Ambos riram.

IMAGINAÇÃO: A PONTE

Para estabelecer o contato, como Rita fez com relação a Barry, a imaginação é a ponte que conecta nossa realidade exterior com o mundo interior de nossa psique. Com a presença de nossos entes queridos dentro de nós, a imaginação faz da morte não um final, mas uma transformação.

Muitas outras culturas usam a imaginação como um recurso valioso para alguém que está pranteando um ser amado. Em *Imagery in Healing*, a autora, dra. Jeanne Achterberg, chama a imaginação de "nossa mais antiga e maior fonte de cura" (Achterberg, p. 3). Por milhares de anos, xamãs do mundo inteiro têm contatado, em estado de transe, mundos invisíveis com o objetivo de consultar os espíritos dos mortos, servindo de mensageiros ou elos de ligação entre os dois mundos. O *Livro Tibetano dos Mortos** contém textos para serem lidos pelos vivos para os mortos, e que descrevem o que esperar, o que evitar e o que procurar nos estados de transição após a morte. As religiões confucionista e budista ensinam que cada casa deveria ter um altar dedicado aos ancestrais da família. A prática diária de reflexão diante desse altar facilita o contato permanente com os mortos. Os membros vivos da família conversam com as fotografias sobre o altar, colocando ali oferendas para os que já faleceram. Por outro lado, espera-se que os ancestrais tornem-se uma presença viva dentro da casa, contribuindo com orientação e inspiração. Na Idade Média, a prática corriqueira de travar diálogos com a alma dos que já partiram oferecia conforto e apoio aos que sofriam. Paracelso, médico e alquimista suíço-alemão, escreveu: "Todos podem educar e controlar a própria imaginação, de maneira a entrar em contato com os espíritos, sendo por eles orientados" (Walsh, p. 119). Na Austrália contemporânea, os aborígines conservam a antiga prática de falar com os espíritos, os quais emergem de pedras friccionadas uma contra a outra durante três dias. Esses nativos crêem que seus ancestrais mortos voltam para compartilhar informações, tanto míticas quanto práticas. Em diversas culturas, portanto, a morte não constitui uma barreira para a comunicação, porque nelas utiliza-se ativamente a imaginação quando as pessoas se defrontam com essa inevitável passagem.

Numerosos mitos nos lembram de que nosso relacionamento com um ente querido pode ser restaurado, mesmo que tenha ocorrido a morte. Pensemos na deusa egípcia Ísis e no seu marido/irmão Osíris. Osíris, tendo sido assassinado por conspiradores, foi posto num cai-

---

* Publicado pela Editora Pensamento, São Paulo, 1985.

xão e jogado no rio Nilo. Num estado de profundo sofrimento, Ísis procura e finalmente localiza o corpo do marido. Entretanto, enquanto o visita com seu filho, um dos conspiradores retalha o corpo e espalha seus pedaços. Com a ajuda dos deuses, Ísis recolhe esses pedaços e recompõe o corpo; Osíris volta a viver. Ele, então, passa a governar o Mundo dos Mortos. O mito grego de Deméter e Perséfone apresenta um tema semelhante. Quando Perséfone é raptada e levada para o mundo invisível pelo rei da morte, sua mãe Deméter fica inconsolável e recusa-se a permitir que qualquer vegetação cresça na terra. Ela faz um acordo com os deuses do Olimpo, em troca da volta da filha, e, com o apoio do deus mensageiro, Perséfone e Deméter se reencontram. Contudo, uma vez que Perséfone havia comido três sementes de romã antes de deixar Hades, ela deverá passar três meses do ano no mundo dos mortos, onde governará como rainha.

A maioria das culturas antigas tem mitos que nos transmitem os temas, interligados, da perda, da busca e da recuperação, como se quisessem relembrar às pessoas a possibilidade de comunicação com entes queridos falecidos. Porém, em nosso mundo moderno, que dá mais valor à tecnologia do que a práticas tribais, o poder e mesmo a existência de mundos invisíveis têm sido negados. A imaginação vem sendo relegada à fantasia, sendo, às vezes, considerada anormal. "É apenas sua imaginação", as pessoas nos dizem num tom condescendente. Por isso, nosso recurso mais valioso no processo de superação da dor de uma perda tem sido mesnosprezado e quase perdido.

Os métodos descritos neste livro foram criados para ajudá-lo a aumentar a força da sua imaginação. Você poderá argumentar que não é uma pessoa muito imaginativa, mas esteja certo de que essa é uma faculdade natural e universal. Todos a têm, embora em muitos ela permaneça bloqueada ou pouco desenvolvida.

Um grande número de escritores e profissionais de diferentes áreas de atuação, incluindo a medicina e a psicologia modernas, tem pesquisado, escrito a respeito e utilizado a imaginação em seu trabalho com clientes. Todos eles chegaram a uma conclusão semelhante: a imaginação vem sendo um recurso importante de cura desde os primórdios da história do homem, e já é tempo de a nossa cultura reconhecer sua utilidade para curar, tanto o corpo, quanto a psique. Todas as técnicas que você irá aprender nos capítulos subseqüentes estão ligadas ao uso da imaginação para desenvolver e aprofundar sua comunicação interior.

Cultive a Imaginação

Embora a imaginação seja um componente inato da nossa psique, muitas pessoas deixaram adormecer essa poderosa faculdade. Entretanto, certos estados psicológicos, como o sofrimento e a depressão, parecem ativar naturalmente a imaginação. Pessoas que sentem pesar pela morte de um ente querido descobrem que têm pouco entusiasmo ou interesse pela realidade exterior; a força delas volta-se para o mundo interior. À medida que o sofrimento amortece seus sentidos exteriores, pode abrir os sentidos interiores, dando-lhes uma nova acuidade de visão, audição e sentimento, inacessível a nossos sentidos em períodos de normalidade. Depois da morte do marido, o mundo parecia insípido e desinteressante para Rita. Entretanto, quando dormia, seus sonhos emergiam com imagens vívidas e cores vibrantes. Num seminário, ela seguiu minhas instruções quanto a procurar perceber com intensidade as visões, sons e odores de uma casa imaginária. Ela rapidamente fez a transição para um mundo interior no qual teve um encontro profundamente comovente com o marido. A experiência direta desse mundo interior, por meio dos sentidos, despertou a imaginação dela de maneira definitiva.

A psicóloga Jean Houston afirma que o sofrimento pode abrir as portas da nossa sensibilidade a uma realidade maior, realidade esta que não costumamos perceber. Em meus seminários sobre a dor da perda de pessoas queridas, tenho ficado surpreendida pela facilidade e disponibilidade com que os participantes são capazes de fazer exercícios envolvendo a imaginação — mesmo aqueles que há longo tempo têm se considerado pouco imaginativos. Pessoas que raramente se lembram de seus sonhos conseguem relatar sonhos vívidos, quando passam por uma fase de pesar.

Embora a dor possa dar impulso aos sentidos interiores, a maioria da pessoas que não usa regularmente a imaginação descobre que é necessário concentração e força de vontade para desenvolver completamente esses sentidos atrofiados. Se você alguma vez já teve de exercitar músculos atrofiados após semanas de inatividade, sabe quanto esforço é preciso. O mesmo ocorre quando você começa o trabalho de ativação dos sentidos interiores: poderá ficar desanimado porque não consegue "ver" nada. Nesse contexto, infelizmente, essa ativação está em geral associada com a visualização de imagens. Nem todos conseguem visualizar; na verdade, cerca de 40% das pessoas não conseguem. Muitas vivenciam imagens através da audição, do toque ou do movimento, mas outras apenas "sentem coisas". Mesmo se você for capaz de visualizar, "ver o outro mundo exige um tipo diferente de visão que nós quase, assim parece, esquecemos o que significa" (Larsen, p. xix). Ainda que um sentido possa ser naturalmente mais desenvolvido, eu o aconselho a tentar ativar todos os seus sentidos interiores. O seguinte exercício o ajudará a fazer isso. Lembre-se de que o importante passo representado pelo despertar de seus sentidos interiores irá facilitar a fluência e a clareza de sua imaginação.

Exercício 1

O despertar dos sentidos interiores

Feche os olhos. Deixe a atenção se concentrar primeiro em sua respiração. Preste atenção às sensações, a cada inspiração e expiração. Agora, imagine-se parado no centro de uma cozinha.

Há uma lareira acesa num dos cantos. Você pode ouvir o crepitar do fogo. Aproxime-se e estenda as mãos na direção do fogo. Sinta seu calor. Observe atentamente as cores das chamas. Num suporte de ferro dentro da lareira, há uma panela cheia de sopa fervendo. Sinta os aromas. Concentre-se para ver se pode identificar o que está sendo cozido. Você poderá até mesmo sentir o cheiro das ervas usadas para temperar a sopa. Há uma colher de madeira ao lado da panela. Pegue-a, sentindo sua textura e peso. Mergulhe-a na panela de sopa e tire um pouco para experimentar. Saboreie a sopa, sentindo a resposta de seu paladar.

No âmbito da imaginação, não somos limitados pelas leis da realidade comum. Ali, podemos voar, mudar de forma, fazer coisas que nos seriam impossíveis na vida diária. Leva algum tempo para nos ajustarmos e nos abrirmos totalmente a essa liberdade, liberdade que nos permite ver os relacionamentos sob uma nova perspectiva. Disponha-se a se libertar de suas expectativas com relação às limitações da vida de todos os dias. Conheça os maravilhosos benefícios que se obtém ao se cruzar os limites do possível na história de Susan, uma cliente minha.

Desde menina, Susan sentia medo do pai dominador. Mesmo depois de adulta, evitava discutir com ele sobre qualquer assunto que pudesse provocar sua ira. Depois da morte do pai, Susan teve raiva de si mesma por sua falta de coragem e passividade em seu relacionamento com ele. Nunca se sentiu livre dele, mas sim perseguida por tudo aquilo que deixara de ser dito. Numa sessão de terapia, ela decidiu trabalhar com a imaginação, disposta a, finalmente, confrontar o pai. Fechando os olhos, ela o viu diante dela, vestindo uma camisa xadrez vermelha. Sendo um homem alto, ele a sobrepujava em altura, fazendo-a sentir-se tão pequena e vulnerável como quando era criança. Um sentimento familiar de paralisia tomou conta dela, tornando-a incapaz de falar. Subitamente, Susan descobriu que se elevava do chão lentamente, levitando, até conseguir olhar para o pai de cima para baixo. Dessa nova perspectiva, Susan sentiu-se mais segura, forte e livre. Expressou todos os sentimentos, ressentimentos e anseios que havia escondido dele. Enquanto falava, percebeu algo agitando-se em seu peito, algo que ela nunca havia sentido na presença do pai antes: ternura. Se tivesse interrompido o fluxo de sua imaginação, dizendo: "Mas eu não posso levitar! Não posso voar!", ela não teria tido essa experiência regeneradora.

É importante abordar a imaginação com uma postura receptiva, sem tentar julgar ou analisar. Muitas vezes, meus clientes julgam ou tentam explicar o que está acontecendo, à medida que exploram a própria imaginação. Tentam mudar uma imagem porque não a compreendem ou ela não lhes agrada. Essa interferência inibe a riqueza, a sabedoria e o mistério da representação mental.

Por último, embora não menos importante, é necessário ter respeito pela imaginação. Essa faculdade é extremamente poderosa. Em 1942, durante a Segunda Guerra Mundial, Carl Jung fez uma palestra sobre "Der Geist Mercurius" (O Espírito Mercúrio), na qual alertava os participantes quanto ao fato de a imaginação poder ser uma força de cura ou de destruição. Para ilustrar o que estava dizendo, contou uma história dos irmãos Grimm chamada "O Espírito na Garrafa", a qual vou parafrasear aqui.

Um jovem era tão pobre que não pudera completar seus estudos. Certo dia, encontrou uma garrafa; de dentro dela, veio uma voz que pediu:

— Deixe-me sair!

O rapaz abriu a garrafa e um poderoso espírito elevou-se no ar, até se tornar da altura do carvalho sob o qual a garrafa tinha estado.

— Sou o poderoso Mercúrio — exclamou o espírito. — Fui fechado nesta garrafa como castigo. Quem quer que me liberte, eu lhe quebrarei o pescoço.

Vivos no Coração   31

O rapaz compreendeu que a única esperança de salvar a própria vida seria atrair o espírito de volta à garrafa.

— Não posso acreditar que um espírito com tanto poder tenha saído de uma garrafa tão pequena — disse-lhe com reverência. — O senhor poderia mostrar-me como conseguiu isso?

O espírito imediatamente obedeceu e o rapaz, sem perda de tempo, recolocou a rolha na garrafa. Com esse gesto, a situação mudou: Mercúrio tinha sido contido; porém, agora o jovem conhecia o seu poder. O espírito implorou que o libertasse novamente, mas dessa vez Mercúrio ofereceu-lhe uma recompensa em troca de sua liberdade: um tecido que esfregado em qualquer coisa, a transformaria em prata. Contente com essa troca, o jovem libertou o espírito. Usando o tecido, criou prata suficiente para terminar os estudos, tornando-se um médico famoso.

Essa história demonstra a necessidade de invocar Mercúrio, o espírito da imaginação, com grande respeito. De outra forma, ele poderá se mostrar destrutivo. A princípio, o jovem ignora os grandes poderes de Mercúrio, e ao libertá-lo coloca-se em perigo. Para salvar-se da destruição, tem de encontrar uma maneira de refrear esse poder. Somente então poderá começar a trabalhar com Mercúrio em seu próprio benefício. Para isso, ele deve se comunicar com Mercúrio e chegar a um relacionamento mutuamente satisfatório, após o que poderá atrever-se a libertar o poder da garrafa, dessa vez a serviço da cura, utilizando a força de Mercúrio para tornar-se médico. O rapaz agora está mais rico do que era — e mais sábio. Com o objetivo de usar o dom da imaginação para ajudá-lo a melhorar seus relacionamentos, você terá que mostrar-se humilde na presença dele e respeitar seu poder.

Problemas Comuns

Algumas pessoas têm dificuldade para exercitar a imaginação, especialmente no início. Se isso acontece com você, talvez ajude saber que você irá passar por três diferentes estágios durante o desenvolvimento de sua capacidade para usar a imaginação. No primeiro estágio, muitos sentem dificuldade, impossibilitados de imaginar, ver, ouvir, tocar ou sentir algo extraordinário. Nesse estágio, simplesmente lembre-se de que a imaginação é uma faculdade nata, todos a têm, e que ela se encontra acessível dentro de você. Se você se esforçar, com paciência e determinação para despertar seus sentidos interiores, eles irão se fortalecer gradativamente. Você talvez não consiga ver imagens verdadeiras, inacessíveis ao mundo exterior, mas poderá sentir ou mesmo ouvir coisas. Preste cuidadosa atenção a tudo o que acontece, ainda que lhe pareça muito sutil ou insignificante.

No segundo estágio, você começará a perceber imagens, porém poderá sentir o impulso de questioná-las, perguntando a si mesmo: *Estou inventando tudo isso? Isso é real?* Compreenda que esse questionamento, o qual com freqüência interrompe o fluxo de imagens, é uma reação completamente normal. Observe que está duvidando de sua experiência, mas não deixe que suas dúvidas o impeçam de prosseguir nesse caminho. Lembre-se: trata-se apenas de um estágio pelo qual a maioria das pessoas passa, enquanto sua imaginação continua a se desenvolver.

No terceiro estágio, as imagens começarão a ocorrer espontaneamente, sem que haja bloqueios para impedi-las. Nesse momento, você irá notar que o mundo explorado por meio da imaginação é tão real quanto qualquer coisa já vivida na realidade diária. A analista junguiana Mary Watkins expressou isso sucintamente: "Entrar em contato com o imaginário torna-se, nesse momento, não uma questão de permanecer num lugar estranho, mas, antes, de voltar para casa" (Watkins, p. 118).

Seja paciente e entregue-se inteiramente ao processo, enquanto desenvolve sua capacidade de imaginação. Você estará se preparando para se encontrar e "dialogar" com um ente querido já falecido. A imaginação lhe permitirá transpor o abismo silencioso da morte, e tocar, ver e falar com esse ser que ama.

A Necessidade de Diálogo

A psicóloga Louise Kaplan afirma em seu livro *No Voice Is Ever Wholly Lost* que "o diálogo é o bater do coração da existência humana... não podemos viver sem ele" (Kaplan, p. 239). Ela considera o diálogo um fator que desempenha um papel tão primordial em nossa vida, que receamos perdê-lo, mais do que receamos a nossa real extinção.

Muito daquilo que vem sendo escrito no campo da psicologia do desenvolvimento confirma a importância crucial do diálogo, mesmo na mais tenra infância. Nesse contexto, é fácil compreender que o fim do diálogo, quando um ente querido morre, pode ter um efeito devastador. "Nós mutilamos o nosso próprio ser e até mesmo destruímos o mundo à nossa volta em nossa busca desesperada, esperando reencontrar, restabelecer, restaurar, reconstituir um diálogo perdido" (Kaplan, p. 239). Quando nossos esforços para voltarmos a nos ligar com o que deixou de existir falham, podemos nos sentir desamparados e incapazes de resolver assuntos inacabados ou de encontrar paz, em face de nossa perda.

Muitos, secreta ou inconscientemente, tentam manter o diálogo perdido com um ente querido. Por exemplo, uma pessoa poderia conversar com o cônjuge falecido durante o café da manhã. Uma mãe dominada pelo sofrimento pode dialogar com seu filho ou filha morta enquanto arruma brinquedos ou roupas. Geralmente, as pessoas conservam essas comunicações em segredo por receio de serem malcompreendidas pelos que estão vivos. Elas prosseguem com essas conversas, sem qualquer compreensão de suas ricas possibilidades potenciais de cura.

Se o diálogo é tão essencial para o nosso bem-estar e existência, como podemos restabelecê-lo quando o mesmo foi perdido por causa da morte de um ente amado? Como podemos transformar uma ausência numa presença? A resposta é: pela revitalização de nosso anseio de comunicação, pelo desenvolvimento da imaginação. Dessa forma, obtemos acesso direto aos nossos entes queridos.

COMUNICAÇÃO INTERIOR

Como podemos, especificamente, fazer o contato com o qual sonhamos? Aconselhá-lo simplesmente a usar a imaginação é muito vago. Existe um método eficaz, fácil de aprender, que lhe permitirá estabelecer a presença interior. A comunicação interior é um instrumento poderoso, que utiliza a imaginação para solucionar velhas mágoas e ressentimentos, expressar amor, adequar o relacionamento a esse novo contexto e circunstâncias, e sentir mais paz com relação aos entes queridos que já faleceram. Essa comunicação é realizada dentro de você, tornando acessíveis possibilidades significativas de relacionamento, que vão muito além das metas da comunicação exterior e rotineira a que está acostumado.

A comunicação, isoladamente, é o fator que mais afeta nossos relacionamentos com membros da família. Não apenas por razões práticas e para manter a família convivendo de forma harmoniosa, mas para nossa saúde e bem-estar, é fundamental que expressemos nosso amor, lidemos com a raiva e as diferenças de personalidade, e resolvamos questões particularmente perturbadoras com aqueles que amamos. Para muitas pessoas, entretanto, quanto maiores são as dificuldades em seus relacionamentos, mais difícil é falar livremente. Na maior parte das famílias, certos pontos importantes e acontecimentos passados simplesmente não são discutidos, pois seus membros sentem-se inseguros para expressar, rejeitar ou mesmo confrontar a verdade. A terapeuta de família, Virginia Satir, escreveu em *People-making* que apenas 4,5% da população norte-americana são emocionalmente honestos em seu diálogo com os membros da família; o restante das pessoas encobre seus verdadeiros sentimentos, criando distância e desconfiança nos relacionamentos, minando sua própria auto-estima e deixando que a ansiedade e o *stress* se acumulem.

Contudo, como você verá em breve, os encontros em que são usadas as técnicas de comunicação interior diferem muito daqueles que ocorrem na vida diária. Ainda que esteja entre os que resistem a uma comunicação exterior aberta e plena, você irá descobrir que expressar-se livremente em seu íntimo é não somente possível, como agradável. Ali, dentro de você, poderá tratar de aspectos não-resolvidos de um relacionamento — não meramente um relacionamento com uma pessoa falecida, mas qualquer outro. Poderá exprimir sentimentos reprimidos, aprofundar laços, solucionar dilemas e sentir mais compaixão pela outra pessoa, tudo isso na privacidade do seu mundo interior, sem a presença externa do outro. Aprenderá a "entrar" na outra pessoa para obter percepções valiosas dos sentimentos que a movem e de seus pontos de vista. Quando pratica o diálogo interior com a pessoa que perdeu, você se liberta daquilo que estava represado em seu íntimo e fica mais em paz apesar da perda, porque o amor que sente começa a fluir livremente para o objeto desse amor.

Como em qualquer técnica de comunicação, a qualidade do diálogo interior depende de seu compromisso com ele:

- A decisão de persistir
- A promessa de ouvir atentamente, assim como de dizer o que pensa
- A disposição de assumir responsabilidade por seus próprios sentimentos, evitando culpar o outro, insultá-lo, manipular e exigir

Se tiver mágoas ou ressentimentos que acha importante comunicar, esteja preparado para falar mais devagar e descrevê-los de maneira que a outra pessoa possa compreender. Se estiver irritado, será mais eficaz mostrar-se específico. Quando for sua vez de ouvir, tente ser tão receptivo e descontraído quanto possível, e demonstre empatia. Reflita antes de fazer as perguntas, de maneira a compreender melhor as opiniões do outro. Reconheça os sentimentos subjacentes às palavras, assim como seu conteúdo. Essa interação não constitui uma luta de poder, e seu principal objetivo não é provar que está certo ou errado, mas sim abrir-se, compartilhar, ouvir, analisar e ver antigas questões com novos olhos.

Na comunicação com os que já faleceram, a mudança de velhos padrões de relacionamento pode não ser tão difícil quanto parece. Você pode se surpreender ao descobrir que a pessoa e também o relacionamento, como percebidos na imaginação, mudaram significativamente. Por exemplo, no corpo físico, a pessoa pode parecer mais jovem, saudável e com mais vitalidade do que quando vivia; na personalidade, poderá agir sem um envolvimento tão grande do ego e mais compaixão e objetividade, sendo menos provável que esteja presa à dinâmica familiar; quanto aos valores e perspectivas, velhos interesses, mesmos aqueles que representavam paixões obsessivas durante a vida, podem ter-se evaporado; evidenciar-se-á uma maior preocupação com assuntos espirituais.

Uma de minhas clientes, Doreen, descobriu num sonho, logo após a morte do pai, Robert, que este havia mudado radicalmente. Robert parecia saudável e cheio de vitalidade, embora ao falecer seu corpo estivesse devastado pelo câncer. No sonho, ele estava rodeado pela família, com cada um dos membros fazendo-lhe perguntas, desesperadamente, sobre questões financeiras e o patrimônio deixado. Aquilo fazia sentido, uma vez que Robert estivera bastante envolvido com investimentos e com o controle das finanças da família; esta, por sua vez, ainda o procurava, pedindo conselhos e orientação. Contudo, naquele momento ele parecia completamente desinteressado. Afastando esses problemas com um gesto, disse:

— Estas coisas não me dizem respeito agora.

Num capítulo posterior sobre técnica, sugerirei como tais mudanças podem ajudar a criar um canal de comunicação, o que parecia impossível antes. Por ora, simplesmente esteja preparado para abrir-se, ser receptivo a mudanças em seu ente querido que faleceu, e abandonar velhas imagens do relacionamento.

É importante também abordar o diálogo interior livre de idéias preconcebidas sobre o conteúdo e o resultado de cada encontro, uma vez que as expectativas podem limitar o amplo espectro da imaginação. Em geral, a relação com pessoas falecidas será nitidamente diferente daquilo que você esperava. A maioria fica agradavelmente surpresa com o que descobre em seus contatos interiores e, posteriormente, com os acontecimentos externos em sua vida diária.

Considere Joseph, que ficou muito abalado com a morte do irmão Jim. Os dois haviam tido um relacionamento tempestuoso, e a morte de Jim parecia ter acabado com qualquer possibilidade de reconciliação. Quando sugeri numa sessão de terapia que Joseph usasse o diálogo interior para ter acesso ao relacionamento, que continuava vivo, com Jim, ele mostrou-se muito cético. Presumia ser incapaz de usar a imaginação com sucesso; se conseguisse entrar em contato com Jim, com certeza o irmão o trataria com o mesmo antagonismo que havia demonstrado durante toda a vida. Relutantemente, Joseph tentou fazer o exercício descrito no capítulo 3. Surpreendeu-o não apenas a nitidez com que via Jim em sua imaginação, mas também o calor e amor com que o irmão o saudou. Os dois conversaram longamente sobre o relacionamento entre eles, uma conversa pela qual Joseph havia ansiado durante toda a vida adulta; Jim, por seu lado, compartilhou alguns ressentimentos que trazia da infância e que haviam contaminado seus sentimentos pelo irmão, ressentimentos gerados pelo claro favoritismo dos pais por Joseph. Depois de terminar o exercício, Joseph sentiu amor pelo irmão e disposição de perdoá-lo, experimentando um novo bem-estar, que se apresentava significativo e permanente.

Recompensas Atemporais

A grande novelista chileno-norte-americana, Isabel Allende, contou ao seu editor que sentiu sua carreira como escritora terminar quando a mãe faleceu, uma vez que esta sempre tinha revisado e corrigido todos os livros dela. O editor lembrou-a de que a mãe vivia em seu íntimo. Allende escreveu: "Compreendi que ele estava certo. Absolutamente certo. Eu sempre poderei dizer: muito bem, tenho aqui uma frase horrível, e minha mãe voltará para mim... Espero que, ao morrer, eu tenha sido capaz de plantar, durante a vida, pequenas sementes na alma de meus filhos e netos, de forma que quando precisarem de mim para alguma coisa eu esteja sempre disponível" (Epel, p. 23). Como é confortador ter essa compreensão antes da morte de um ente querido! Tenho assistido muitas pessoas abrirem um caminho semelhante e conseguirem percepções que mudaram a vida delas, por meio do contato interior com os entes queridos, curando velhas feridas, renovando seus relacionamentos e finalmente dizendo adeus.

Os capítulos que se seguem o guiarão na prática do diálogo interior. Começaremos de maneira simples, com exercícios criados para ajudá-lo a expressar tudo aquilo que foi guardado, não comunicado ou reprimido. Gradativamente, você aprenderá a desenvolver diálogos interiores com a pessoa de quem sente falta. Na parte 3, aprenderá a utilizar técnicas de comunicação interior para tornar mais fáceis os problemas de diálogo com membros da família que estão sofrendo pela perda de um ente querido.

Nunca é tarde para a reconciliação com uma pessoa que amamos, tanto falecida, quanto viva. Uma senhora de 82 anos usou as técnicas descritas neste livro para superar antigas mágoas que guardava de seu relacionamento com o pai. Este havia falecido mais de 40 anos antes. Os caminhos para a imaginação e a comunicação aqui apresentados são dádivas que você guardará consigo permanentemente. Abra-se para elas, reflita sobre elas com paciência e confiança e permita-se crer na possibilidade de que elas trabalharão por você da maneira que espera que o façam. Os resultados podem ser a atenuação da sua dor e uma vida mais rica para sempre.

PARTE DOIS

Contato Interior

*A comunicação dos mortos é verbalizada com fogo
e está além da linguagem dos vivos.*

T. S. ELIOT

CAPÍTULO 2

A comunicação com alguém que está à beira da morte

Deena entrou silenciosamente no desolado quarto de hospital e sentou-se ao lado da cama da mãe. Embora tivessem se passado poucos dias desde sua última visita, Deena ficou chocada com a aparência macilenta da mãe, a pele pálida repuxada sobre os ossos salientes da face. Ela estava adormecida, mas sua respiração forçada sugeria que a dor perturbava seu descanso. Ainda era difícil para Deena compreender que aquela criatura frágil e desamparada fosse sua mãe. Quando Deena era criança, a extrovertida e enérgica Ângela lhe parecia maior que a vida. A filha havia adorado Ângela por essas qualidades, embora quando adolescente as houvesse abominado. Desde que fizera 12 anos, Deena ficava constrangida em ser vista com a mãe em público, e criticava duramente sua maneira de se vestir, falar e andar... tudo! Foi nessa época que Deena parou de conversar com a mãe sobre qualquer coisa que achasse realmente importante. Mãe e filha se desentenderam amargamente durante aqueles anos. Finalmente, aprenderam a se relacionar com cordialidade, embora mantivessem distância uma da outra, mas a intimidade inicial nunca foi restabelecida.

Agora, Ângela estava morrendo de câncer no seio. Deena sentia-se ansiosa para conversar com ela, compartilhar seus desapontamentos e alegrias, e expressar seu amor. Enquanto pensava sobre a aparente impossibilidade daquele diálogo, Ângela mexeu-se sob o lençol branco e abriu os olhos. Durante uns poucos e preciosos minutos olhou com ternura para o rosto da filha. Deena segurou a mão descarnada da mãe, apertando-a entre as suas.

— Estou aqui, mamãe. Tive saudade de você. Eu...

Sua voz extinguiu-se quando percebeu que Ângela pareceu subitamente estar olhando através dela, como se alguma presença invisível tivesse mais uma vez desviado sua atenção. Frustrada, Deena sentiu um aperto no peito. Ela tivera realmente esperança de *falar* com a mãe durante aquela visita. Havia tantas coisas que queria partilhar com ela: arrependimentos, elogios, recentes percepções a respeito do relacionamento de ambas, amor.

Com o olhar ainda perdido na distância, a mãe murmurou suavemente:

— Vou partir logo para uma viagem. Preciso me preparar.

Aquela afirmação confundiu Deena. Sobre o que a mãe estava falando? Ela havia dito a mesma coisa outras vezes. Por que repetia que iria partir numa viagem? Estava doente demais até mesmo para pensar em viajar! Na semana anterior, quando Ângela tinha feito uma afirmação semelhante, Deena tentara argumentar com ela.

— Você está no hospital, mamãe. Precisa poupar suas energias para tentar melhorar.

Ângela havia ficado muito agitada, puxando o lençol e procurando se levantar da cama. Desta vez, para não perturbar a mãe novamente, Deena permaneceu em silêncio.

Estar perto de um membro da família que se encontra nos estágios finais da vida pode ser bastante doloroso, especialmente quando se pensa nas coisas que nunca chegaram a ser ditas. Tanto os familiares que amam o paciente, quanto a pessoa que está morrendo podem sentir uma necessidade urgente de reconciliar-se e, contudo, serem incapazes de se comunicar, a não ser por meio de pequenos e insatisfatórios fragmentos de diálogo. Muito pouca energia, muito pouco tempo — os limites físicos com freqüência derrotam o mais intenso desejo. Deena sabia que seu tempo para conversar com a mãe estava se esgotando rapidamente. Mesmo quando desperta e lúcida, ela somente podia se concentrar por breves momentos. Todavia, ambas sabiam instintivamente que se usassem o tempo e a energia que restavam, por menores que fossem, para expressar o amor que sentiam uma pela outra, isso poderia produzir alguns dos momentos mais significativos da vida delas. O simples impulso mútuo de tentar já representava um laço de cura entre elas.

Como se Comunicam as Pessoas que Estão Morrendo

Os que estão vivos podem se surpreender, mas a comunicação é uma parte decisiva do processo de morrer. Contudo, o diálogo com pessoas em seu leito de morte pode ser frustrante, causar confusão e desorientação. Os que se encontram à morte parecem absortos num outro plano, ora mantendo contato, ora se afastando do contato com os vivos. Ao olharem para nós, seus olhos em geral estão vítreos e desfocados; algumas vezes, seu olhar parece nos atravessar. Pessoas próximas da morte podem conversar com seres invisíveis — talvez amigos ou parentes já falecidos — e falar de lugares invisíveis. Henri Nouwen, refletindo sobre o tempo que passou junto da mãe moribunda, escreveu em *In Memoriam*: "Ela via outras realidades, que exigiam maior reverência, eram mais assustadoras, mais cativantes, porém igualmente mais decisivas" (Nouwen, p. 22). Aqueles que estão morrendo podem falar por meio de símbolos e se mostrar frustrados e inquietos se não os compreendemos. Dias antes de entrar em coma, meu pai tentava constantemente sair da cama de hospital "para ir para casa". Eu pensava naquele tempo que "casa" significava o lugar onde meus pais moravam, a cerca de trinta minutos do hospital. Hoje, percebo que ele queria dizer algo muito mais sutil — o retorno para uma fonte de origem.

Maggie Callanan e Patricia Kelly são enfermeiras num asilo de doentes, e escreveram um importante livro sobre comunicação com os que estão próximos da morte, intitulado *Final Gifts*. Elas desafiam a suposição comum de que os moribundos ficam "fora de si" ou "confusos", sustentando que essas reações servem apenas para criar mais distância entre os que estão morrendo e suas famílias e amigos. Essas duas pioneiras pesquisaram em profundidade os diálogos de seus pacientes, percebendo que as pessoas à morte em geral utilizam uma linguagem simbólica para descrever o que estão passando e expressam o desejo de uma morte pacífica. Callanan e Kelly insistem em que, se prestarmos cuidadosa atenção a tudo o que essas pessoas dizem e fazem, poderemos começar a compreender suas mensagens. Cicely Saunders, uma das fundadoras do movimento para a construção de abrigos na Inglaterra, escreveu: "Uma vez perguntei a um homem que sabia de sua morte próxima o que ele precisava, acima de tudo, daqueles que cuidavam dele. Ele respondeu: 'Que alguém olhe para mim como se estivesse tentando me compreender'" (Saunders, p. 3).

Para ajudar a tornar essas últimas e preciosas oportunidades de interação ricas em significado e compreensão, ofereço as seguintes sugestões quanto ao diálogo com um ente querido próximo da morte:

- Preste bastante atenção a qualquer coisa que a pessoa disser ou fizer, uma vez que ela poderá estar tentando lhe transmitir uma mensagem importante.
- Aprove aquilo que está sendo dito para você, mesmo que não tenha compreendido inteiramente a mensagem. Aprenda a ouvir sem julgar. Observe sinais de frustração ou agitação que podem indicar um erro seu na interpretação da mensagem.

- Deixe que seu ente querido perceba quando você estiver confuso. Faça perguntas que reflitam um desejo genuíno de compreender o que ele está passando. Assegure-lhe de que entende a dificuldade que ele tem para se comunicar com você.
- Esteja atento para sinais não-verbais. Estes podem ser muito sutis. O moribundo poderá apertar sua mão, erguer uma sobrancelha, contrair músculos, respirar mais depressa ou mais devagar, ou emitir algum som.
- Se não tiver certeza quanto às palavras mais adequadas para a ocasião ou se estas lhe parecerem interferir com uma conexão mais profunda, simplesmente permaneça em silêncio ao lado da pessoa. Muito pode ser comunicado por meio de um toque amoroso e tranqüilizador. Você poderá ainda falar silenciosamente por intermédio do coração.

Assim como a pessoa que está morrendo pode sentir que é urgente se comunicar com você, você também sentirá a mesma urgência em dialogar, esperando reconciliar-se, expressar amor e resolver antigas mágoas. Não deixe essa oportunidade escapar. Transcenda qualquer reticência natural ou constrangimento que possa sentir de falar clara, sincera e concisamente. Entretanto, tenha cuidado para não impor à pessoa assuntos que lhe pareçam muito dolorosos ou desconfortáveis. Você poderá explorar esses temas mais tarde, consigo mesmo, usando a comunicação interior.

Como o tempo é curto e as partilhas efetivas que você consegue manter podem se mostrar frustrantes e insatisfatórias, talvez seja útil trabalhar com comunicação interior mesmo junto ao leito de morte. Quando fazia companhia ao meu pai no hospital, eu queria lhe falar sobre a morte dele, uma vez que isso havia incitado vários sentimentos contraditórios a respeito de nosso relacionamento. Porém, desde o momento em que soube que sofria de câncer, ele havia se recusado a discutir o assunto. A princípio isso me causou angústia, mas aprendi a falar com ele a respeito desse tópico em minha imaginação, solucionando, assim, muitos dos ressentimentos e mágoas que haviam mantido meu coração fechado e protegido em nosso contato como adultos. Por meio dessa prática, fui capaz de estar totalmente presente, descontraída, e demonstrar amor por meu pai em seus últimos dias. Antes de chegar a essas novas possibilidades de comunicação, sentia-me tensa e cheia de expectativa sempre que estava com ele, querendo e esperando pelo momento certo de conversar sobre nosso relacionamento. Todavia, após falar-lhe em minha imaginação, consegui ter paz, apenas permanecendo junto dele em silêncio. Meu trabalho com a imaginação durante aquele período havia me proporcionado um dom inestimável.

A série de exercícios e sugestões que se segue irá ajudá-lo a explorar meios de se comunicar interiormente com uma pessoa prestes a falecer. Sinta-se livre tanto para fazer todos os exercícios na ordem em que são apresentados, ou para tentar somente aqueles que mais o atraírem. Para obter melhores resultados, escolha um intervalo de tempo ininterrupto, num lugar especial. Pense nesse lugar de recolhimento — um cômodo da sua casa, por exemplo — como um santuário. Escolha um lugar em que se sinta seguro e onde possa estar só. Faça um altar ali com fotografias, objetos pessoais ou desenhos da pessoa que está à morte.

Para que não seja interrompido, coloque uma nota na porta e tire o telefone do gancho. Depois, sente-se diante do altar, feche os olhos e concentre-se em sua respiração durante alguns minutos para aquietar o corpo e a mente. Reserve de trinta minutos a uma hora para executar cada um dos exercícios, fazendo apenas um a cada sessão. Ao terminar o exercício, anote o que ocorreu; isso lhe proporcionará um registro de acontecimentos, ajudando-o a integrar quaisquer percepções, e lhe dará a oportunidade de observar e interpretar posteriormente as mudanças que forem ocorrendo em seu íntimo.

O santuário, embora simples em sua concepção, é um local de cura muito poderoso. Ao longo dos anos, meus clientes têm se retirado para seus santuários, como uma parte profundamente significativa de seu processo de se defrontar com moribundos e com a morte de pessoas próximas a eles. Mesmo após usarem o santuário durante apenas uma semana, esses clientes relatam de forma consistente que estão se sentindo mais em paz, são menos subjugados por suas emoções e mais capazes de cumprir suas outras obrigações.

Se visitar seu santuário pelo menos uma vez por semana (ou mais freqüentemente se sentir necessidade), será mais fácil para você deslocar a atenção do mundo exterior, concentrando-a na comunicação interior. Visitas semanais aumentarão sua capacidade de concentrar-se e de manter um senso de continuidade.

Exercício 1

A comunicação interior com os que estão à beira da morte

Após relaxar em seu santuário, feche os olhos, e com os olhos da mente veja-se entrando no quarto da pessoa que está à morte. Sente-se ao lado da cama. Durante alguns minutos, observe esse quarto com todos os seus sentidos. O que vê à sua volta? O que pode ouvir? Existe algum odor? Segure a mão da pessoa e sinta seu peso, temperatura e textura. Com uma pequena pressão de sua mão ou com palavras, deixe que ele ou ela saibam que você está ali para uma visita. Você agora tem a oportunidade de se comunicar com essa pessoa, de uma maneira que nunca considerou realmente possível antes. Pode expressar tudo o que quiser, visando resolver conflitos em seu relacionamento. Imagine-se expressando seu amor e gratidão, assim como decepções, arrependimentos e mágoas. Depois, em imaginação, ouça cuidadosa e respeitosamente o que seu ente querido tem para lhe dizer. Prossiga em seu diálogo até que este lhe pareça completo.

Talvez você queira permanecer por algum tempo junto da pessoa em silêncio. Quando sentir-se pronto para ir embora, diga adeus e saia do quarto. Abra os olhos e observe seus sentimentos por alguns minutos. Depois, registre sua experiência no diário reservado para esse propósito.

A Experiência de Deena

Deena me consultou durante o período que precedeu a morte de Ângela. Percebeu como seria importante compartilhar com ela amor, gratidão e desapontamentos que ela havia reprimido durante tantos anos. Durante mais de trinta anos, mãe e filha tinham evitado falar sobre seu relacionamento. Incontáveis vezes haviam silenciado a respeito de pequenas mágoas e incompreensões que se acumularam, como sempre ocorre com esses obstáculos entre duas pessoas. Ironicamente, quando Deena percebeu que estava disposta a dialogar com a mãe, Ângela começou a perder a capacidade de manter contato, mesmo que por breves instantes. Ao discutir sua situação comigo, Deena revelou sua frustração. Ela havia esperado pelo alívio de finalmente falar.

Quando lhe apresentei o conceito de comunicação interior, Deena percebeu imediamente que canais de diálogo, os quais não havia considerado anteriormente, estavam abertos para ela. Concordou em tentar o exercício acima, e viu que ele lhe oferecia a oportunidade de trabalhar questões não-resolvidas, de maneira que pudesse sentar-se ao lado de Ângela pacífica e amorosamente, até o momento da morte desta. Segue-se um relato de Deena registrado em seu caderno de exercícios, sobre sua experiência durante a execução de um deles:

Entrei no quarto. O sol do final da tarde incidia sobre a cama, iluminando a forma do corpo frágil de minha mãe sob o cobertor branco. Ela estava completamente acordada, o que me surpreendeu. Seus olhos cinzentos me fixaram amorosamente. Sentei-me perto dela, toquei sua mão e lhe disse:

— Mamãe, quero aproveitar esta oportunidade para conversarmos realmente. Lamento que não o tenhamos feito durante todos esses anos. Tem sido difícil para mim, agora que estou disposta a conversar, ver que você não consegue manter uma conversa. Entrei em seu quarto muitas vezes ultimamente, resolvida a lhe dizer o que me pesa no coração. Porém, depois de poucos minutos você já não está me ouvindo. É tão penoso para mim vê-la morrer. O que vou fazer sem você?

Comecei a chorar e minha mãe apertou minha mão, fazendo um gesto com a cabeça. Eu sabia que ela havia compreendido meus sentimentos.

Senti-me encorajada a continuar.

— Quando criança, eu sonhava em ser como você. Eu a adorava. Parecia que você era incapaz de cometer erros. Nós paramos de conversar durante minha adolescência. Aquele foi um período muito difícil para ambas. Eu a criticava constantemente. Recusava-me a ouvi-la. Respondia-lhe. Briguei implacavelmente com você. Eu precisava afastá-la de mim naquela época, para que eu pudesse amadurecer. Éramos tão unidas e eu me identificava tanto com você! Tinha de descobrir quem eu era, como pessoa independente de você. Quero que saiba que nunca deixei de amá-la, ainda que tenha parado de expressar meu amor. Continuo a gostar das qualidades que adorava em você quando pequena. Não teria me tornado o que sou sem todas as maravilhosas qualidades que você me transmitiu.

Minha mãe começou a chorar; as lágrimas inundavam seu rosto pálido. Ficamos ambas caladas, olhando dentro dos olhos uma da outra. Senti-me vulnerável e inexperiente. Deixei transparecer meu amor. Por alguns momentos, senti-me transportada para um tempo e um lugar sagrados, onde o amor fluía, livre e plenamente. Depois de um pequeno intervalo, minha mãe falou calmamente:

— Eu a amo tanto, Deena. Sofri muito quando você se afastou de mim, quando paramos de conversar. Eu não sabia o que fazer. Meu orgulho se interpunha entre nós. Depois, acostumei-me com a maneira como nos relacionávamos. Esqueci como tinha sido bom abraçá-la e alisar seu cabelo, responder a todas as suas perguntas sobre a vida. Perdi muito do nosso relacionamento durante sua fase adulta. Porém, não creio que nosso relacionamento vá terminar. Talvez nos tornemos mais unidas de agora em diante, mesmo depois que eu tiver morrido.

Tomei minha mãe nos braços, soluçando de alívio. O muro que havia entre nós ruiu. Quando me sentei novamente, o quarto estava completamente às escuras. O sol tinha se posto. Os olhos de minha mãe se fecharam e ela adormeceu pacificamente. Beijei sua testa e saí do quarto sem fazer barulho.

Ao abrir os olhos, Deena ficou atônita com o que tinha acontecido. Ela não esperava que a experiência fosse tão real. Contou-me que se sentiu aliviada. A expressão de tudo que estivera reprimido dentro dela e a conversa significativa que tivera com Ângela em seu íntimo extinguira a urgência que tinha sentido quanto a falar com a mãe no quarto de hospital.

Na sessão seguinte, Deena tinha acabado de voltar de uma visita à mãe. Ângela estava em coma; seus olhos estavam abertos, mas nada viam, e ela não reagira à presença de Deena. Esta contou-me que aquela mudança no estado da mãe teria sido devastadora para ela, se não fosse pela conversa interior, relatada anteriormente. Naquele momento, sentia-se confortada não somente pelo episódio, mas também pelo pensamento de que poderia continuar a comunicar-se com Ângela naquele nível durante a fase terminal da mãe e após sua morte.

Fale com o Coração

Muitas vezes conversei com meu pai silenciosamente, por meio do coração, uma técnica eficientíssima que aprendi de Stephen Levine, autor de *Who Dies?* Levine observou que pessoas agitadas podem se acalmar e aquelas em coma ficar mais tranqüilas se a pessoa próxima a elas enviar amor e compreensão por meio do coração. Durante a transmissão desse amor, as palavras não são o mais importante, mas sim a aceitação e a preocupação geradas no íntimo de quem o faz.

Levine enfatiza o discernimento que devemos usar ao conversarmos por meio do coração, tomando cuidado para não impor nossas próprias necessidades, desejos ou nossos interesses particulares à pessoa que está morrendo, ainda que tenhamos certeza sobre o que é melhor para aquele indivíduo. Ele ilustra esse aspecto da questão em *Who Dies?*, com a seguinte história: uma enfermeira, após aprender a técnica de Levine, de falar com o coração, tentou aplicá-la a um paciente difícil, que se recusava a reconhecer que estava morrendo. Algumas vezes por dia, entrava no quarto do doente e lhe dizia, silenciosamente, por meio do coração, que ele deveria aceitar a morte e não negá-la. Finalmente, sua chefe chamou-a e lhe disse que o paciente tinha solicitado que ela não entrasse mais no quarto. Quando a enfermeira perguntou a razão daquele pedido, a chefe lhe respondeu:

— Ele disse que você fala demais.

A conversa silenciosa, por meio do coração, pode atuar a distância, assim como junto à cabeceira de uma pessoa. Sonja viu-se envolvida num drama familiar, o qual incluía não contar ao pai que este estava morrendo de câncer. Infelizmente, para manter esse segredo, ela sentiu que só poderia conversar com ele num nível superficial, o que era doloroso para ela, pois havia muitas coisas que gostaria de falar. Sugeri que ela tentasse conversar com ele com o coração, ainda que o pai estivesse a milhares de quilômetros de distância. Sonja duvidava que aquilo pudesse ter algum efeito, mas assim mesmo resolveu tentar. Ela contou ao pai que sabia de sua doença, queria que ele vivesse, mas estava disposta a deixá-lo partir se isso fosse o melhor para ele.

Depois de algumas semanas, Sonja sentiu-se mais calma e em paz. Então, teve um sonho no qual o pai lhe disse:

— Sei o que os médicos não querem me contar. Estou bem; por isso não se preocupe comigo. Lembre-se de colocar óleo no carro e trocar os pneus a cada quarenta mil quilômetros. Com essa mensagem, Sonja percebeu que não precisava mais ficar obcecada com o problema do pai; ao contrário, tinha de se concentrar nos mecanismos básicos de sua própria vida. Quando o visitou no hospital pouco depois, ela era o único membro da família que podia se sentar em silêncio ao lado dele e aceitar sua doença com dignidade.

Exercício 2

Ligue-se por meio do coração

Sente-se e feche os olhos. Por alguns minutos, concentre toda a atenção nos padrões de sua respiração. Sinta o ar entrando nas narinas. A seguir, concentre-se no centro do coração, sob o esterno, entre os seios. Esteja atento para qualquer sensação nessa região, por mais sutil que seja. Se quiser, pode tocar essa área com os dedos. Uma vez que sua atenção esteja concentrada, respire, a partir do coração.

Agora, comece a conversar com seu ente querido, por meio do coração, de forma silenciosa, gentil, sincera e compassiva. As palavras estarão fluindo através do coração, no ritmo de sua respiração. Se assim o desejar, diga que você está totalmente presente, que se preocupa, que quer dar apoio à pessoa próxima da transição, que sentirá falta dela quando a morte chegar. Ou você poderá simplesmente transmitir amor por intermédio do coração. Mantenha a ligação com o coração enquanto fala silenciosamente.

A Comunicação com uma Pessoa em Coma

Há um momento em que a pessoa que se encontra à beira da morte entra num estado de sono sem sonhos, não mais reagindo às outras pessoas ou ao ambiente que a cerca. Nesse caso, a comunicação, como a conhecemos, é impossível, porém as técnicas de diálogo interior, incluindo a conversa por meio do coração, podem servir para manter a ligação. Se você tiver praticado essas técnicas durante o período de doença da pessoa que ama, não se sentirá tão separado dela quando ocorrer o coma. Interiormente, você sentirá que existe uma ponte de comunicação.

Em seu brilhante livro *Coma*, o psiquiatra Arnold Mindell afirma que muitas pessoas em estado de coma, encontram-se, na verdade, num estado alterado de consciência, sendo possível contatá-las se pudermos aprender um meio mais sofisticado de nos comunicar. Mindell ouve e observa cuidadosamente, admite quando está confuso, faz perguntas e valoriza a experiência da pessoa. Dessa forma, é capaz de se empenhar num diálogo significativo, no qual examina quaisquer conflitos pelo qual a pessoa possa estar passando a respeito do fato de estar morrendo.

Depois de se apresentar, Mindell senta-se perto da pessoa em coma, tocando o pulso ou a mão dela, e harmonizando o ritmo de sua própria respiração com a do paciente. A seguir, ele afirma a experiência interior do indivíduo em coma, fazendo comentários sobre acontecimentos que não são aparentes a quem estiver observando: "O que quer que esteja acontecendo, seja o que for, nos mostrará o caminho. Será o nosso guia. Portanto, continue a sentir, ver, ouvir e mantenha esses sentimentos, visões, sons e movimentos que estão ocorrendo dentro de você. Isso o levará para onde temos de ir" (p. 30). Mindell, então, fica atento a sinais sutis de resposta, tais como espasmos, contrações, movimentos faciais, o abrir dos olhos ou sua focalização, e mudanças na respiração. Dessa maneira, a comunicação é estabelecida. Mindell afirma que "nunca encontrou ninguém que tenha deixado de reagir a (esse) tipo de interação".

Em *Coma*, ele descreve um paciente de 80 anos chamado John, que ficara num estado semicomatoso durante seis meses. Quando Mindell foi chamado, John atravessava um período de intensa agitação, em que gritava e gemia muito. Como mencionei anteriormente, pessoas que estão à morte e se sentem incompreendidas, com freqüência tornam-se agitadas, um conceito que Mindell aceita perfeitamente e ratifica. Ele se sentou ao lado de John e começou a respirar e a gemer no mesmo ritmo do paciente. Apesar de aquele homem não ter formulado uma sentença completa durante meses, o diálogo foi estabelecido. Em frases curtas e entrecortadas, John anunciou que um grande navio estava vindo buscá-lo. Como Mindell lhe fizesse perguntas que refletiam um desejo genuíno de entender a experiência de John, este lhe revelou que não ia embarcar no navio. Ele ficou ainda mais agitado ao chegar a esse ponto, e Mindell percebeu que o diálogo os aproximava da raiz de algum conflito que John tinha a respeito da morte. Mindell prosseguiu com perguntas que ajudassem John a analisar esse conflito.

John explicou ao médico que o navio estava vindo para levá-lo numa viagem de férias, mas que ele nunca havia tirado férias e achava que devia voltar ao trabalho. Mindell encorajou o paciente a conhecer o navio e a relatar-lhe o que via. John descreveu anjos, que conduziam o navio. A viagem também era gratuita. Com essa informação, o psiquiatra incentivou-o a aceitar aquelas férias. Ele poderia voltar ou continuar, se assim o desejasse. As últimas palavras de John foram: "Sim, sim. Férias nas Bahamas. Ba...ha...mas. Sim. Hmmm. Nenhum trabalho." Nesse momento, John adormeceu pacificamente, morrendo meia hora mais tarde.

Mindell tem o dom de iniciar diálogos verbais com pessoas em coma, que antes pareciam incapazes de falar. Com relação a alguns pacientes, contudo, ele tem de confiar na comunicação não-verbal, observando reações, tais como mudanças no ritmo respiratório ou movimentos corporais sutis, por exemplo, da boca, dos olhos, das sobrancelhas ou das mãos. Se quaisquer desses movimentos ocorrerem repetidamente, em resposta a um estímulo, poderão estar indicando um meio de comunicação. Um paciente comatoso fez leves movimentos com as sobrancelhas, em resposta às afirmações do médico. Estes foram suficientes para permitir a Mindell compreender as mensagens desse paciente.

O diálogo com John demonstra a natureza simbólica da comunicação com os que estão morrendo. Cruzar um rio ou iniciar uma viagem são metáforas geralmente usadas por eles para descrever a experiência de transição. No livro *On Dreams and Death*, Marie-Louise Von Franz escreve: "Segundo a minha experiência, a imagem de uma viagem em sonhos é também o símbolo de morte iminente que ocorre mais freqüentemente" (Von Franz, p. 64). Para John, morrer era partir numa viagem — uma perspectiva profundamente perturbadora, uma vez que ele nunca havia tirado férias do trabalho.

Malby, um homem de 70 anos, também tinha conflitos a respeito da morte. Três dias antes de sofrer uma queda e ferir mortalmente a cabeça, ele teve um sonho vívido, que em seguida contou à filha Kathleen.

— Atravessei o Rio Grande, procurando Ruth. Não consegui encontrá-la e, por isso, voltei.

Ruth era a ex-mulher dele; eles estavam divorciados havia mais de trinta anos e tinham tido pouco contato desde então. Entretanto, quando soube que Ruth estava morrendo de câncer nos ossos, Malby ficou muito preocupado e quis visitá-la. Um pouco antes da viagem, caiu e bateu a cabeça, o que causou uma grave hemorragia no cérebro. Seu relato sugeria que ele poderia querer encontrar a ex-mulher após a morte. Ele foi o primeiro a se aventurar a cruzar o Rio Grande, mas ela ainda não estava preparada para encontrá-lo e, por isso,

Malby não faleceu imediatamente, como os médicos esperavam. Entrou em coma, ficando cinco dias nesse estado.

Compreendendo o conflito de Malby, Kathleen lhe falou durante esse período, assegurando-lhe de que muitos outros entes queridos, já falecidos, estariam esperando por ele, e que Ruth iria encontrá-lo em breve. Malby morreu pacificamente, sendo seguido dois dias depois por Ruth. Essa história me lembrou de quanto um relacionamento passado pode se tornar significativo para os que estão próximos da transição, mesmo aquelas ligações que aparentemente deixaram de ter importância no decorrer dos anos. Kathleen mostrou-se sensível a Malby, sem emitir juízos a respeito do que *ela* pensava ser importante. Conhecendo a história do divórcio e da animosidade entre os pais, poderia ter facilmente desconsiderado o relato de Malby sobre ele ter procurado Ruth. Todavia, embora não compreendesse realmente, estava disposta a ouvir e a apoiar o pai em sua tentativa de reencontrar Ruth.

Num exemplo profundamente comovente e agora bem conhecido, a filha de Isabel Allende ficou doente, entrando depois em coma. Convencida de que Paula iria acabar se recuperando, a mãe procurou manter a comunicação com a filha, por meio de uma longa carta, publicada nas memórias de Allende como *Paula*. "Ouça, Paula", o livro começa. "Vou lhe contar uma história, para que quando você acordar, não se sinta tão perdida." Com sensibilidade e bom humor, Allende registra a história da família e expressa seus próprios receios e emoções, ao mesmo tempo que se preocupa com a filha adormecida. Meses depois, ela teve uma visão/sonho no qual a filha lhe fala: "Ouça, mamãe, acorde. Não quero que pense que está sonhando. Eu vim para pedir sua ajuda... quero morrer e não posso. Vejo um caminho radiante à minha frente, mas não consigo dar o primeiro passo; alguma coisa está me impedindo. Tudo que restou em minha cama é o meu corpo cheio de sofrimento, que está se degenerando a cada dia; morro de ansiedade e imploro por paz, mas ninguém me ouve.

Estou tão cansada!... A única coisa que me detém um pouco é ter de ir só; se você segurasse minha mão, seria mais fácil cruzar para o outro lado — a infinita solidão da morte me assusta. Ajude-me mais uma vez, mamãe. Você lutou como uma leoa para me salvar, mas a realidade a está vencendo. Tudo é inútil agora... vivi o tempo que tinha para viver e quero despedir-me... Depois de minha morte, estaremos em contato, como você faz com seus avós e com vovó; estarei em você como uma presença constante e suave. Virei quando você me chamar e a comunicação será mais fácil quando você não tiver diante de si a imagem deplorável de meu corpo doente e puder me ver como eu era nos bons tempos" (Allende, p. 315). Essa visão/sonho transformou-se numa mudança decisiva para Allende. Ela compreendeu que a filha não iria acordar e que naquele momento precisava ajudá-la a morrer, e não lutar pela vida dela. Quase um ano depois de entrar em coma, Paula morreu nos braços da mãe "com a mesma graça perfeita que caracterizou todos os atos de sua vida" (Allende, p. 325). O trabalho de escrever a carta ajudou Allende a suportar os meses terríveis durante os quais a filha esteve em coma, e a preparou para a morte dela.

À medida que vamos adquirindo maior compreensão quanto ao que as pessoas em coma estão vivendo, torna-se menos provável que as tratemos como se não estivessem presentes. É costume nos hospitais falar livremente perto dessas pessoas, demonstrando insensibilidade, por se presumir que elas não podem ouvir. Contudo, muitas histórias são relatadas nos livros sobre experiências de quase-morte em que pessoas saíram do estado de coma e puderam dar descrições detalhadas de conversas e procedimentos médicos.

Um paciente, Jason, compartilhou uma experiência perturbadora que teve no hospital ao cuidar do pai, Ben, que se encontrava em coma. Uma tarde, a enfermeira entrou para verificar os sinais vitais de Ben e, a seguir, declarou a Jason, na presença do doente, que Ben estava nos estágios finais, e que provavelmente não viveria até o dia seguinte. Assim que essas palavras foram pronunciadas, Ben ergueu-se subitamente na cama, encarou a enfermeira com um olhar penetrante, e tombou novamente sobre o travesseiro. Como se quisesse ensinar-lhe uma lição, continuou vivo naquela noite, só vindo a falecer na tarde seguinte.

Quando sentir que a comunicação com uma pessoa em coma foi interrompida, tente seguir as sugestões de Arnold Mindell, as quais foram tratadas nas páginas anteriores. Além disso, escreva uma carta para a pessoa querida (o Capítulo 4 retoma essa idéia com maiores detalhes) ou use os exercícios 1 e 2 do presente capítulo. Todos esses métodos irão ajudá-lo a manter contato com a pessoa que parece não estar reagindo.

Quando a Morte Ocorre na Nossa Ausência

Um pesar muito profundo, relatado por alguns de meus clientes, origina-se do fato de terem estado ausentes no momento da morte de algum ente querido. Eles sentem que perderam a oportunidade de se despedir, de expressar amor, e passar os últimos e insubstituíveis minutos junto da pessoa que amavam. Alguns simplesmente se afastaram por um pequeno intervalo de tempo da cabeceira do doente, e ao voltarem descobriram que a pessoa havia falecido enquanto estavam ausentes. Outros estavam a caminho do hospital e chegaram tarde demais. Outros ainda não tiveram nenhum aviso, pois a morte ocorreu subitamente. Essas ausências inspiram uma série de sentimentos: raiva, culpa, arrependimento, tristeza ou a combinação de todos eles. Particularmente, quando a morte é violenta ou resulta de suicídio ou acidente, aqueles que são deixados para trás podem sofrer uma profunda crise emocional ao remoer os detalhes de seu último encontro com a pessoa falecida ou imaginar possíveis situações vividas por essa pessoa.

As mesmas técnicas que propiciam a comunicação, podem ajudar você a colocar-se na cena da morte de seu ente querido. Se não se sentir à vontade a respeito do lugar em que a morte ocorreu, poderá escolher outro ambiente, mais tranqüilizador. Enfatizo novamente, como nos exercícios de imaginação anteriores, a importância de perceber esse ambiente com todos os sentidos. Em sua imaginação, sente-se ao lado da pessoa que está morrendo. Revele o que vai no seu coração; despeça-se. Esteja pronto para ouvir as últimas palavras que seu ente querido possa querer lhe transmitir e lembre-se de dizer "Eu o/a amo". O exercício 3 o ajudará a usar a imaginação para vivenciar com pormenores a transição de alguém que ama e que faleceu durante sua ausência.

Exercício 3

Imagine a morte de um ente querido

Em seu santuário, sente-se e feche os olhos. Não deixe que nada o distraia e esqueça todas as preocupações; concentre a atenção na paisagem interior de sua imaginação. Imagine que está sentado ao lado da pessoa que está morrendo. O que você está vendo? O que o seu olfato lhe indica? O que está ouvindo? Quais são os seus sentimentos? Fique atento para o som da respiração dessa pessoa. Ela é suave ou estertorante? É leve ou pesada? Sincronize a respiração com a dela, de maneira que vocês passem a inspirar e expirar juntos.

Você está participando de um momento sagrado de transição, compartilhando os últimos instantes de uma vida. Agora é a ocasião de expressar seu amor, seja por meio de palavras ou de um toque. Existe alguma questão não-resolvida que você gostaria de trazer à tona? Ouça cuidadosamente. A outra pessoa quer falar com você? Analise qualquer resistência que sente em se afastar dessa pessoa, porém, uma vez que desapegar-se pode levar dias, semanas ou meses, não se preocupe em completar esse processo antes de passar para a próxima parte do exercício.

Quanto estiver pronto, tranqüilize a pessoa, dizendo-lhe que pode prosseguir. Despeça-se. Esteja totalmente presente e atento ao último suspiro. Isso marca o final de uma vida e o final de seu relacionamento, como o conheceu. Depois da morte, passe algum tempo junto do corpo, refletindo sobre o que acabou de acontecer e sobre a sua perda. Deixe-se sentir integralmente o impacto; chore se precisar. Agora que participou plenamente da transição de seu ente querido, contemple seus próprios sentimentos. Observe quaisquer mudanças sutis no corpo da pessoa amada, à medida que o tempo passa. Você poderá ficar consciente até mesmo do espírito dela.

Quando se sentir preparado, tome a iniciativa de partir. Abra os olhos e registre a experiência por que passou.

Arrependimento e Culpa

Christina ficou muito frustrada por não ter estado ao lado da mãe quando esta morrera, e não conseguia parar de se sentir mal pelo fato da mãe, Bette, ter morrido sozinha. Durante uma de nossas sessões, guiei-a, por meio da imaginação, ao hospital onde Bette havia falecido. Sentada ao lado do corpo frágil, Christina segurou a mão de Bette. Estava fria e um pouco enrijecida, porém Christina pôde sentir um aperto quase imperceptível. Chorando, disse a Bette o quanto a amava.

Enquanto Christina segurava a mão de Bette, confortando-a, a respiração desta tornou-se mais rápida e difícil. Subitamente, ela abriu os olhos e olhou para Christina com indescritível amor. Com a mesma rapidez, os olhos voltaram a se fechar e, dando um último suspiro, Bette faleceu com um leve sorriso nos lábios gretados. Christina soluçava, profundamente comovida pelo fato de ter compartilhado um momento tão sagrado e íntimo com a mãe. Não mais sentia o remorso que a havia afligido durante os dias em que pranteara a perda da mãe.

Suzanne, que também estivera ausente no dia da morte de sua mãe, sentiu necessidade de analisar as questões e o pesar com que tinha sido deixada. Sentia-se culpada por ter colocado a mãe numa casa de repouso e tinha dúvidas sobre a experiência da mesma no hospital durante seus dias finais e ao falecer. Em seu caderno de notas, escreveu: "Eu gostaria de poder conversar com minha mãe e de lhe fazer as perguntas que deixei de fazer durante sua vida, e de estar presente junto dela agora, para compensar as vezes em que estive ausente no passado... planejo ter um diálogo com minha mãe e usar minha imaginação e o meu amor para ouvir suas respostas."

Abaixo, reproduzo o que Suzanne registrou desse diálogo interior.

SUZANNE: Você está em paz, mamãe?

MÃE: Sim, mas não é a paz que você imagina. Não se trata de uma calma passividade. Relaciona-se mais com aceitação e compreensão.

SUZANNE: Sempre me senti culpada por não tê-la levado para morar conosco depois da morte de papai. Era tão complicado. Pensei que tivéssemos muitos anos. Eu queria que você ficasse bem acomodada na casa de repouso, perto de mim, e se tornasse independente. Achava que você poderia aproveitar a vida, agora que papai não estava aqui para dominá-la. Tinha planos de fazermos juntas um cruzeiro no verão. Por outro lado, receava perder minha independência se morássemos na mesma casa. Eu a havia conquistado com tanta dificuldade. Quando me imaginei vivendo com você e Michael, não consegui ver nenhum espaço para mim. Perguntei-me como seria possível preencher as expectativas de ambos, especialmente porque estas, provavelmente, seriam diferentes umas das outras. Fui terrivelmente egoísta?

MÃE: Não consegui compreender, é verdade. Mas podemos fazer somente aquilo de que somos capazes num dado momento. Não guardei ressentimentos. Agradeci a Deus por tê-la. O que eu poderia fazer ou a quem recorreria se você não existisse?

SUZANNE: Como você se sentia antes de ficar doente e ser levada da casa de repouso às pressas para o hospital pela última vez?

MÃE: Sentia-me solitária, deprimida e desanimada. Não conseguia compreender como eu havia terminado ali. Queria me agarrar a você, e sentia raiva — raiva por estar indefesa e confusa. Nenhuma das pessoas que trabalhavam lá parecia se importar. Um mínimo de gentileza teria sido o prêmio mais valioso do mundo naquelas circunstâncias. Eu não queria ser um peso para você. Sabia que tinha sua vida e seu trabalho. Apenas esperava que me abraçasse uma vez mais. Queria algo que me era familiar. Queria ir para casa.

SUZANNE: Você pensava na morte?

MÃE: Sim. Ir para "Casa" era o fundamental. Comecei a pensar em quando eu tive aquela experiência no hospital há muito tempo atrás.

SUZANNE: A experiência de quase-morte.

MÃE: Sim. Não tive medo. E me lembrei da maneira como me sentia — em paz. Decidi que aquilo iria ser meu lar a partir de então. Era a casa para onde eu podia voltar. Imaginei seu pai do outro lado. Esperando por mim. Fiquei muito tempo na expectativa de que você viesse. Não conseguia imaginá-la não estando ali comigo.

SUZANNE: Você ficou zangada quando compreendeu que a tinham ressuscitado no hospital? Esteve acordada ou de alguma forma consciente durante aqueles nove dias em que ficou ligada aos aparelhos?

MÃE: Nunca quis que aquilo acontecesse. Mas morri como tinha vivido, não foi? Sob cuidados médicos. Eu sabia que você estava comigo todos os dias. Sabia que estava ali. Eu recuperava e perdia a consciência. Foi doloroso, mas se aquilo não acontecesse, nunca teríamos tido aquele tempo juntas. Aquele período foi precioso para mim. Realmente foi. Sentia seu amor comigo. Quando você saiu para jantar naquele último dia, eu sabia que meu tempo havia terminado. Sabia que nunca mais a veria novamente. Guardo como um tesouro o tempo que tivemos juntas.

SUZANNE: Senti tristeza e resistência de sua parte quando me despedi. Assegurei-lhe de que voltaria após o jantar. Concentrei-me naquilo porque não queria reconhecer para mim mesma que qualquer outra coisa pudesse acontecer. Você recebeu muitos cuidados na unidade de terapia intensiva. Fiquei indignada quando a removeram para um quarto comum. Você não recebia a mesma atenção e cuidados que deveria ter recebido.

MÃE: Não, não recebi. Ninguém parecia se incomodar; eu era apenas um outro corpo para cuidar.

SUZANNE: Quando entrei no quarto depois de ser chamada ao hospital, seu corpo estava simplesmente deitado na cama. Ninguém a havia coberto. Ninguém estava ali para me dizer, antes de eu entrar, que você havia morrido. Fiquei muito grata pelo fato de Michael ter ido lá comigo. Quando vi seu corpo, disse a Michael: "Ela partiu." Foi a impressão que tive. Seu corpo não se parecia com a minha mãe. Era óbvio para mim que você não estava mais lá. Que você tinha ido embora.

MÃE: Eu tinha ido, e me sentia aliviada. Porém, não parti sem sofrimento — sofrimento da separação, mais do que sofrimento físico. Era, eu o sabia, como deveria ser. Exceto por você, todos os que significavam alguma coisa para mim estavam mortos. Não tive medo; pelo contrário, sentia gratidão por poder me reunir com aqueles que amava e deixar você prosseguir com sua vida. Tudo aconteceu como deveria ter acontecido. Você não precisa ter arrependimentos. Eu a amei enquanto estava ligada a você e a amo agora que me desliguei. Viva sua vida e a viva com amor.

Ao reler esse diálogo, Suzanne sentiu-se em contato íntimo com a mãe. Podia sentir sua presença e amor; as palavras da sua mãe a consolavam e aprovavam. Se, por um lado, encontrou alívio ao expressar a própria culpa, conflitos e preocupações que havia sentido durante a doença da mãe, Suzanne também conseguiu compreender melhor o que esta havia vivido durante o processo da morte: humilhação, frustrações, medos e paz.

Quando usamos a comunicação interior, podemos descobrir que a morte não precisa nos separar definitivamente daqueles a quem amamos. Por meio de cartas ou diálogos, como o de Suzanne, ou simplesmente quando falamos com o coração e trabalhamos com imagens, somos capazes de encontrar um novo potencial de mudança e crescimento em nossos contatos com os que estão próximos da morte ou que já morreram. Há, ainda, um outro benefício, com freqüência negligenciado até mesmo por aqueles que o recebem: qualquer contato ou cura que obtemos com relação aos que já faleceram pode aumentar nossa capacidade de desenvolver relacionamentos significativos e profundos com os vivos.

CAPÍTULO 3

Sonhos com alguém que já faleceu

É em sonhos que muitos de nós percebem pela primeira vez a continuação de um relacionamento com um ente querido que já faleceu. Durante a fase em que pranteamos a pessoa, é comum termos sonhos vívidos com ela; esses sonhos podem nos chocar por parecerem muito reais. Nos momentos que se seguem ao despertar de um sonho desse tipo, geralmente ficamos confusos e desorientados, perguntando-nos se a pessoa realmente continua viva. Depois, ao voltarmos à consciência de vigília, percebemos que de fato ela faleceu. Contudo, a experiência de termos estado com a pessoa num sonho pode nos confortar e tranqüilizar, pelo conhecimento de que, apesar de nossa perda, ela continua a viver em nosso íntimo. Muitos guardam esses sonhos como algo precioso, lembrando-se deles para o resto da vida, ansiando pelo aparecimento dos que amaram em sonhos futuros.

Sonhos ocorridos após a morte de alguém podem ser classificados em várias categorias:

- Esses sonhos asseguram que, embora a morte tenha ocorrido, a pessoa falecida continua acessível e não está sofrendo

66   *Alexandra Kennedy*

- Demonstram que o seu relacionamento com a pessoa que sonhou sofreu uma mudança, mas continua a existir
- Sonhos nos quais questões não-resolvidas durante o relacionamento vêm à tona ou são abordadas de forma direta
- Sonhos em que a pessoa falecida apóia ou orienta quem sonhou

SONHOS TRANQÜILIZADORES

Sonhos tranqüilizadores podem ser um grande alívio para aqueles que choram a perda de um ente querido. Em geral, quem faleceu demonstra paz e recomenda com insistência ao que ficou que não se preocupe. Curiosamente, na maioria das vezes, aquele que sonha é o que tem mais dificuldade em se adaptar à morte que ocorreu, e não a pessoa que se foi. Como exemplo, depois da morte do pai, Beth teve o seguinte sonho:

No sonho mais vívido de minha vida, eu estava andando com meu pai. Disse-lhe o quanto estava desolada por ele ter morrido, e como era bom vê-lo novamente. Ele virou-se para mim e riu alegremente, uma risada profunda, que vinha de seu íntimo, e argumentou: "Mas por que você está triste? Tudo vai bem comigo." Fiquei aliviada, mas lhe disse que sentia por ele não continuar perto de mim. Ele parou de andar, olhou-me bem dentro dos olhos e respondeu: "Bethy, claro que estou com você."

Logo depois da morte da avó, Laura sonhou que esta havia entrado na sala de estar. Laura se sentiu confortada com aquela presença, mas ficou confusa também, porque sabia que a avó tinha acabado de falecer. Laura disse: "Estou muito contente por vê-la novamente, mas pensei que você tivesse morrido." A avó, simples mas firmemente, declarou: "Eu nunca morri." Laura acordou com a certeza de que seu relacionamento com a avó não havia sido interrompido pela morte.

Sonhos que Confirmam a Continuidade de um Relacionamento

Muitos sonhos confirmam o fato de que a ligação com a pessoa amada permanece intacta, e continua a se desenvolver, a despeito da morte do corpo. Os sonhos podem indicar que a morte teve um efeito transformador, tanto no relacionamento quanto na pessoa que faleceu. Como que para enfatizar as mudanças ocorridas desde a morte, os que faleceram em geral aparecem nos sonhos saudáveis, cheios de vitalidade e mais jovens do que quando foram vistos pela última vez com vida.

Adrian enviou-me o relato do sonho que teve um ano após o falecimento da mãe. Durante 11 anos, a mãe tinha estado paralítica, sendo incapaz de andar, falar, ler ou escrever, embora sua mente permanecesse lúcida. Cuidar da mãe presa a um corpo inválido tinha sido uma experiência profundamente dolorosa para Adrian.

Vejo uma grande sala, com pessoas sentadas em cadeiras colocadas junto à parede, deixando o centro livre. Percebo uma senhora andando com passo rápido ao redor da sala, balançando os braços. Ela está usando um vestido longo e solto, algo como uma camisola de dormir. Então a reconheço — é minha mãe! Ela olha diretamente para mim, sorri e acena.

Adrian considerou esse sonho como uma mensagem da mãe, comunicando-lhe que agora estava livre de todas as limitações físicas. Quando Adrian viu o sorriso radiante e o aceno alegre, soube que a mãe estava feliz. Mesmo anos depois, pensar a respeito desse sonho dava a Adrian uma profunda e confortadora alegria.

Flo também observou, por meio de sonhos, uma mudança drástica nos pais. Logo após a morte do pai, este lhe apareceu em dois sonhos, nos quais seu corpo robusto e jovial irradiava uma luz branca e brilhante. Flo ficou aturdida com essa transformação, uma vez que o pai havia estado doente desde quando ela podia se lembrar. Depois desses sonhos, Flo convenceu-se de que o pai não estava sofrendo no estado que se seguiu à morte. Dez anos depois, a mãe de Flo faleceu, após meses de agonia, em conseqüência de complicações médicas causadas por uma cirurgia cardíaca malsucedida. Depois disso, sua mãe lhe aparecia repetidamente em sonhos.

Minha mãe e eu éramos tão íntimas que parecíamos irmãs. Compartilhávamos toda a nossa vida. Ela era um tipo de pessoa muito altruísta, amorosa, interessada e dedicada. Eu não era realmente jovem quando ela faleceu, mas ainda assim sua morte foi traumática, um longo processo que se estendeu por mais de dois meses e meio de terapia intensiva.

Quando mamãe morreu, eu tinha certeza de que ela iria aparecer para mim, e que eu não seria capaz de lidar com essa experiência. Rezava para que viesse em sonhos, e foi o que aconteceu.

Estava muito diferente: ela apareceu como minha professora. Eu a reconheci fisicamente, porém não pude reconhecer sua energia; era completamente diferente daquilo que eu tinha conhecido. Ela não deixou que eu me referisse a ela como "minha mãe" ou dissesse que estava morta; se eu fizesse isso, ela desapareceria.

Ensinou-me que na vida após a morte ela não mais se identificava como minha mãe; estava prosseguindo em sua evolução e nosso relacionamento havia mudado. Tive uma sensação de liberdade depois desses sonhos. Eu sabia que ela havia realmente se encontrado, porque tinha ido além do que lhe fora possível durante a vida — colocar-se em primeiro lugar, sob pena de desapontar outras pessoas. Estava me ensinando a aceitar-me *e* a aceitá-la. Isso me tornou consciente da maneira pela qual eu limitava a mim mesma em meu trabalho e em certos aspectos de meus relacionamentos.

No início, Flo ficou frustrada com esses sonhos, pois sentia falta do relacionamento caloroso que tivera com a mãe. Porém, em sonhos, a mãe de Flo se apresentava de forma a encorajá-la a correr mais riscos na vida, a ter coragem de fazer o que o seu coração pedia.

A editora Beth Witrogen McLeod enterrou ambos os pais no mesmo ano. Quando visitou o apartamento deles pela última vez, viu dois cardeais, macho e fêmea, cantando na entrada do prédio. Embora nunca tivesse visto esses pássaros ali antes, pensou em seus pais imediatamente, pois aqueles eram seus pássaros favoritos. A sincronicidade lhe foi confirmada por um sonho no qual o pai repetia a mesma frase: "O cardeal vermelho aparece somente no inverno." Beth exclamou: "Então, eram *vocês* no prédio!", a que seus pais responderam, rindo: "Sim, sim."

Sonhos Sobre Questões Não-Resolvidas

Em suas memórias, *Patrimony*, Philip Roth descreve sua decisão de enterrar o pai numa mortalha, embora soubesse que aquilo não estaria de acordo com o caráter de seu progenitor. Este não era um judeu ortodoxo, mas, sim "um homem robusto, arraigado ao cotidiano durante toda a vida". Seis semanas após o enterro, Roth sonhou com seu pai, que aparecia numa mortalha branca, e o repreendeu: "Eu deveria ter sido vestido com um terno. Você errou" (Roth, p. 237).

É muito comum que sentimentos não-resolvidos venham à tona em sonhos logo após a morte, especialmente questões que eram muito assustadoras ou ameaçadoras para serem abordadas quando a pessoa ainda vivia. Defeitos ou fraquezas de personalidade, segredos de família, alcoolismo, vícios, como, por exemplo, drogas, incidentes de incesto — todo esse material reprimido poderá vir à tona.

Em *Bradshaw On: The Family*, John Bradshaw se refere ao transe familiar, uma visão não-questionada da realidade, partilhada pelos membros de uma família. Bradshaw mostra como esse transe é rompido ao se "sair de casa, crescer, romper os laços com a Mãe". Esse transe também pode chegar ao fim quando um membro da família, particularmente um dos pais, morre. É então que podemos começar a reconhecer o condicionamento repressivo com o qual crescemos e ter uma idéia das questões que foram anteriormente negligenciadas.

Nossos sonhos nos informam a respeito da existência dessas questões não abordadas, oferecendo uma orientação terapêutica. Quando as ignoramos, geralmente elas se repetem. Se continuarmos a ignorá-las, podem se transformar em pesadelos. Gale relatou ter pesadelos persistentes sobre a morte do pai, que faleceu quando Gale era adolescente. Esta acordava transtornada, incapaz de afastar as imagens do sofrimento do pai. Ela não havia chorado a morte dele na época do falecimento ou mesmo depois, e nunca acreditou que precisasse fazê-lo. Contudo, os pesadelos sinalizavam a presença de uma dor não-resolvida, num momento em que foi capaz de confrontá-la na terapia. À medida que passou a expressar seu sofrimento, os sonhos começaram a lhe transmitir imagens de um pai cada vez mais saudável. Quanto mais profundo era o nível de cura, mais saudável ele ficava. Finalmente, ao terminar a fase em que precisava prantear a morte do pai, este parou de lhe aparecer em sonhos. Entretanto, observem que eu me refiro a uma *fase* de luto: nós nunca superamos a dor completamente, e é normal que ela se repita de tempos em tempos. Adverti Gale quanto à possibilidade de seu pai lhe aparecer novamente em sonhos no futuro, sendo mais provável que aquilo ocorresse quando sua dor se tornasse mais intensa ou presente outra vez.

Num outro exemplo, logo após a morte da mãe, Paul teve sonhos recorrentes em que ela lhe aparecia embriagada, cambaleante e sem conseguir articular corretamente as palavras. Esses sonhos refletiam o fato de que ela havia realmente sido alcoólatra, um problema que a família evitara reconhecer enquanto ela estava viva.

Quando todos os membros da família estão vivos, o sistema familiar é cuidadosamente conservado em vigor. No momento em que um dos membros morre, o sistema é lançado num estado de caos, desestabilizando todos os outros familiares. Maneiras antigas de lidar com as coisas deixam de ser eficazes; os que são deixados sentem-se exaustos, perdendo o entusiasmo pela vida. Essa exaustão, combinada com um sentimento de desorientação e desânimo, abre espaço para que novas percepções aflorem na consciência — percepções que em outras circunstâncias as pessoas poderiam reprimir.

Em sua dor, Paul não conseguia mais negar o alcoolismo da mãe; por meio dos sonhos, ele podia perceber essa realidade claramente. A princípio, Paul sentiu-se subjugado por essa constatação e resistiu, não deixando que ela substituísse uma imagem mais reconfortante da mãe. Todavia, no grupo de apoio que passou a freqüentar, Paul encontrou alívio ao ouvir que outros também tinham tido experiências perturbadoras após a morte de um membro da família. Com o apoio e encorajamento dos companheiros de grupo, ele aprendeu a falar sobre seu tumulto interior, educando-se para aceitar o fato de ser o filho adulto de uma alcoólatra.

Por outro lado, alguns sonhos podem evocar o doloroso conhecimento de que a pessoa que teve o sonho falhou em apreciar ou honrar as qualidades positivas daquele que faleceu. Um cliente chamado Tom relatou numa sessão que não havia gostado muito de seu irmão Robert, enquanto este era vivo. Sempre que estava perto de Robert sentia-se tão irritado com as características próprias à personalidade deste último que pensava consigo mesmo: "Se Rob erguer a sobrancelha para mim mais uma vez ou se usar o mesmo tom para falar, vou gritar." Tom nunca gritou, mas ficava muito tenso após cada visita, e, por isso, passou a evitar o contato com o irmão, tanto quanto possível. Depois de uma longa separação, o irmão faleceu subitamente em decorrência de um enfarte. Embora muito triste, Tom ficou aliviado quando Robert lhe apareceu num sonho, poucas semanas depois de morrer. Permaneceu em silêncio diante de Tom, sorrindo abertamente, com os olhos cheios de amor, fixos no irmão. Extasiado com o aparecimento de Robert, Tom sentiu-se inundado por um profundo amor. Em sonho, compreendeu, imediatamente, que o irmão havia sido sincero e amoroso, qualidades que nunca tinha notado quando ele estava vivo. Após o sonho, Tom continuou a analisar o novo relacionamento de ambos, por meio de exercícios de imaginação.

Um sonho dramático abriu caminho para uma senhora, que chamarei de Rose, amar e honrar o pai, de uma forma que havia sido impossível quando este vivia, porque ela não sabia que ele era seu pai. Nos meses que antecederam a morte daquele homem, Rose tinha recebido algumas informações surpreendentes sobre a mãe e começara a analisar a possibilidade de um amigo íntimo da família ser, na verdade, seu pai. Rose tivera a intenção de discutir esse assunto com ele, pois estava convencida de que ele conhecia a verdade. Todavia, seu falecimento ocorrera antes que pudessem conversar. Pouco tempo depois, Rose teve um sonho significativo, no qual havia segurado aquele homem nos braços no momento da morte. Ele olhara para Rose com ternura, dizendo: "Minha filha querida." "Então, o senhor realmente acredita que eu seja sua filha?", Rose perguntou. "É claro", ele respondeu. Sabendo que no sonho o pai iria morrer em seus braços, Rose acordou num estado de profunda alegria e paz.

Sonhos também podem evidenciar aquilo que esteve reprimido no processo de prantear um ente querido. Joseph sonhou com sua mulher, Lynne, poucos meses após a morte da mesma. No sonho, Lynne estava deitada numa cama, muito pálida e fraca. Com grande esforço, estendeu a mão para o marido. A ternura daquele gesto o comoveu tão profundamente, que ele acordou soluçando. As lágrimas o surpreenderam, uma vez que tentara manter a compostura desde o falecimento da esposa. Aquele sonho havia derrubado suas defesas e agora lhe permitia abandonar o rígido controle e chorar. Semanas depois, sua esposa lhe apareceu novamente em sonho: dessa vez estava saudável e feliz.

Sonhos que Proporcionam Conforto ou Orientação

Muitas pessoas que estão de luto têm sonhos nos quais aquele que faleceu lhes dá apoio ou orientação. De fato, algumas vezes a pessoa falecida parece mais compassiva e sensível na morte do que em vida.

Durante uma entrevista, o novelista Oscar Hijuelos descreveu como seu falecido pai o ajudou a superar um período particularmente difícil da vida. Enquanto escrevia *The Mambo Kings*, Hijuelos teve uma dolorosa erupção de pele que interferia seriamente em seu trabalho. Ele percebeu que a erupção era causada por um sentimento de culpa, já que ele expunha segredos de família no livro. No auge da crise, Hijuelos teve um sonho no qual seu pai o banhava ternamente num rio. Ao acordar, ele sentia um grande bem-estar e a erupção havia desaparecido. Hijuelo teve certeza de que o pai lhe havia dado suas bênçãos para que continuasse a escrever o livro.

No Capítulo 1, referi-me ao sonho de Doreen com o pai logo após a morte deste. Nele, a família estava reunida à volta do pai. Os irmãos e irmãs dela lhe faziam perguntas incisivas sobre o patrimônio da família. O pai, que em vida tinha administrado e controlado com sucesso o dinheiro da família, mostrou-se claramente aborrecido com aquelas perguntas e lhes disse: "Estas coisas não me preocupam agora." Depois, virou-se para Doreen, que mantivera-se distanciada da família, no fundo da sala, e lhe assegurou numa voz suave porém firme: "Providenciei para que suas colheitas não diminuam." Doreen ficou muito comovida com esse sonho, tanto devido à drástica mudança nos valores do pai quanto pelo fato de tranqüilizá-la a respeito de suas "colheitas" no futuro. Ficou perplexa diante daquela afirmação, mas a interpretou como significando que seu pai cuidava dela e que ela seria capaz de subsistir com seus próprios recursos. Muitos relatam sonhos nos quais o ente querido que partiu demonstra uma mudança de valores ou de perspectiva, como fez o pai nesse sonho quando declarou: "Estas coisas não me preocupam agora."

Sonhos com os que Estão à Morte

Os sonhos das pessoas que estão à morte podem nos informar a respeito de seus conflitos e tentativas de se preparar para a transição. Uma cuidadosa atenção aos sonhos poderá nos revelar um assunto inacabado ou receio da morte, o que impede a pessoa de partir em paz. Uma pioneira nesse campo, Marie-Louise Von Franz, oferece-nos muitas histórias de pacientes cujos sonhos serviram como preparação para a própria morte; contudo, ela também afirma que o inconsciente em si não admite a morte, mas comporta-se como se a vida psíquica do indivíduo fosse continuar. O inconsciente, acredita, prepara a consciência não para um final definitivo, mas para uma transformação. Em *The Way of the Dream*, Von Franz relata o sonho de uma mulher próxima da morte, no qual uma vela, colocada sobre o peitoril de uma janela, se consumia lentamente. Quando a vela começou a bruxulear, essa senhora entrou em pânico, pensando que uma grande escuridão iria se abater sobre ela. Nesse instante, a vela, com uma chama brilhante, reapareceu subitamente sobre o mesmo peitoril, porém do outro lado da janela. Von Franz interpreta esse sonho como tendo o seguinte significado: "Sim, a vela de sua vida está se extinguindo. Contudo, sua chama continuará a brilhar num outro meio, numa outra esfera. Depois de cruzar o limiar da janela, que a isola deste mundo, aquela mesma vida continuará" (Von Franz, p. 214).

Esse sonho ajudou a doente a reformular sua compreensão da morte: ela aprendeu a encará-la não como uma porta fechada, mas como a experiência de travessia de um umbral. Na natureza, esses limites são fenômenos que envolvem mudanças súbitas na forma da matéria — por exemplo, o ponto de congelamento ou de evaporação de um líquido. A morte, escreve Von Franz, pode se constituir num desses limiares, envolvendo a transformação da vida como a conhecemos.

O Sonho de Jeremy

Embora ele não estivesse passando por nenhuma crise, Jeremy me consultou porque seu trabalho e sua vida pessoal pareciam desinteressantes e sem sentido. Ele sentia-se exausto a maior parte do tempo e nada mais o entusiasmava. Eu o encorajei a trazer um sonho para a terapia. A princípio, ele insistiu em dizer que não sonhava. Pedi-lhe que, antes de se deitar, tivesse a firme intenção de se lembrar de um sonho; disse-lhe também para colocar um bloco de papel e caneta ao lado da cama e, sempre que acordasse, deveria anotar imediatamente tudo que se lembrasse acerca de um sonho, mesmo um curto trecho ou ainda que este lhe parecesse insignificante. Na sessão seguinte, ele trouxe um sonho perturbador: cavalos doentes estavam morrendo num celeiro escuro. Devido à falta de alimentos, água ou luz, alguns cavalos já estavam mortos. Depois de conversarmos sobre o sonho por breves momentos, pedi-lhe que fechasse os olhos e retomasse o sonho. Em sua imaginação, ele voltou ao celeiro.

Ao fazê-lo, sentiu-se angustiado com o sofrimento dos cavalos. Cercado por um odor de corpos em decomposição, Jeremy tateou em completo desamparo pela escuridão. Enquanto no passado eles haviam saciado a fome com o feno dourado, trazido pelos proprietários, ninguém vinha agora alimentá-los ou cuidar deles. Subitamente, de um canto escuro, a mãe de Jeremy deu um passo à frente. Ela não falou, mas ternamente estendeu para ele a mão pálida.

Quando Jeremy abriu os olhos novamente, discutimos sua experiência. Ele ficara surpreso pela facilidade com que tinha voltado ao sonho. Os cavalos podiam ser vistos tão claramente quanto no sonho original. Porém, o aparecimento de sua mãe o deixara perplexo, pois não tinha ocorrido no sonho.

Com a voz entrecortada e o rosto rubro de emoção, Jeremy falou da mãe, que havia falecido quando ele tinha cinco anos, deixando ao pai a tarefa de sustentar os filhos e, ao restante da família, o encargo de ajudar como pudesse. Até aquele ponto da psicoterapia, Jeremy tentara minimizar o impacto que esse acontecimento traumático de sua infância havia causado nele, embora a mãe tivesse sido uma presença atenciosa, amorosa e dedicada.

Ocorreu a Jeremy, enquanto refletia sobre o sonho, que, assim como os cavalos, ele também tinha sido abandonado. E, se esses sofriam, ele também sofria. Se, por um lado, Jeremy não tinha sonhado com a mãe inicialmente, a imagem dos cavalos em decomposição ou morrendo era suficientemente perturbadora para trazer a perda da mãe à sua consciência. Imergindo no sonho outra vez, usando a imaginação, ele foi capaz de perceber a existência de uma ligação entre o estado dos cavalos e seu próprio sofrimento não-resolvido. Perguntou-se o que poderia acontecer se descesse aos abismos obscuros da dor, dando-lhe total atenção durante um período de tempo. Sua vitalidade seria restabelecida? Quando mencionou essas reflexões em nossa sessão seguinte, nós nos concentramos em sua dor oculta; isso levou à manifestação de uma grande tristeza. Em pungentes diálogos com a mãe, Jeremy lhe contou como se sentira desamparado e solitário na época em que ela falecera. Chorou quando a mãe compartilhou com ele sua profunda tristeza por ter que deixá-lo e expressou seu amor. No sonho seguinte, os cavalos haviam desaparecido e o celeiro estava reluzente, decorado como uma sala de visitas. Imagens de vida haviam substituído imagens de morte: a dor não-resolvida de Jeremy deixara de drenar sua força vital.

Sonhos de Preparação

Os sonhos geralmente ajudam a preparar a pessoa *antes* de uma perda. Por exemplo, uma cliente minha sonhou que a mãe havia lhe dito: "Estou pronta para juntar-me ao seu pai. Não se preocupe comigo. Estarei bem." Minha cliente acordou num estado de profunda paz que durou algumas semanas. Ela sabia que a mãe estava preparada para morrer, e que partiria em breve; seu sonho inspirou-a a passar tanto tempo quanto pudesse com a mãe durante seus últimos dias de vida.

O escritor Laurens van der Post relembra um sonho no qual seu amigo Carl Jung estava parado junto ao portão do jardim e, acenando para ele, lhe disse: "Eu o verei depois." Jung faleceu naquela mesma noite. Tais sonhos, que antecipam a morte, podem preparar e confortar uma pessoa, pois sugerem que, embora estejamos prestes a perder alguém a quem amamos, um elo de ligação com aquela pessoa permanecerá no interior da psique, não sendo rompido pela morte.

Enquanto esses sonhos são imediatamente compreensíveis, há outros menos explícitos. Eu tive um sonho que me deixou perplexa um ano antes da morte de meu pai. Nele, respondi a uma batida na porta de meu quarto num hotel, e meu pai lá estava, em silêncio, estendendo amorosamente um crisântemo branco em minha direção. Havia algo a respeito daquela flor que eu não queria aceitar e, por isso, tentei fechar a porta. Acordei bastante angustiada. Somente após o diagnóstico de câncer compreendi que o crisântemo é uma flor usada em funerais, e que o sonho tinha vindo como uma preparação para a morte de meu pai. Na época do sonho, ninguém sabia que meu pai tinha ou iria ter câncer, conquanto agora eu suspeite que a doença já estava silenciosamente presente no corpo dele. Mesmo tendo rejeitado a mensagem que o sonho me transmitiu naquela ocasião, sinto, em retrospecto, que a poderosa imagem da flor na mão de meu pai plantou uma semente em minha psique, a qual se desenvolveu com o tempo, transformando-se na aceitação do diagnóstico terminal.

É provável que muitos sonhos de preparação passem despercebidos. Você poderá acordar perturbado e confuso, devido a um sonho que não faz sentido naquele momento, mas que poderia vir a ter um profundo significado. Por essa razão, um diário de sonhos poderá ajudá-lo a manter-se em contato não apenas com os sonhos com os quais está trabalhando no presente, mas também com sonhos passados cuja relevância será eventualmente revelada. Se eu não tivesse registrado o sonho a respeito do crisântemo em meu diário, eu o teria esquecido e nunca pensaria na ligação entre a flor e a doença de meu pai.

Muitas pessoas são confortadas pelos sonhos de preparação, mas outras podem vivenciá-los de forma angustiante, desenvolvendo-se nelas um sentimento de medo, desamparo ou culpa. Jean sonhou que durante uma visita à casa de sua irmã Ann, esta lhe pareceu estranha e perturbadoramente distante. Subitamente, ocorreu a Jean que Ann estava morta, mas enquanto era tomada pelo pânico, Ann ria e a aconselhava a não se preocupar.

Jean acordou tremendo descontroladamente, ensopada de suor. Telefonou para Ann imediatamente, ficando aliviada ao ouvir voz da irmã. Contudo, o sonhou encheu-a de apreensão. Ann iria morrer? Havia alguma coisa que pudesse fazer para impedir isso? Temendo falar sobre o sonho, como se isso pudesse torná-lo realidade, ela o empurrou para um canto escuro de psique, onde durante cinco meses envenenou-a com sua existência. Então, uma noite, recebeu o telefonema que havia receado: Ann tinha falecido num acidente de automóvel. Embora Jean reconheça que o sonho a ajudou após a morte da irmã, ela ressente-se pela angústia que experimentou por antecipação durante tantos meses.

Caso você tenha um sonho desse tipo, trate-o como se fosse uma mensagem em estado de vigília. Se não morrermos antes, iremos presenciar a morte de cada um dos nossos entes queridos — talvez logo, talvez num futuro mais distante. Se um ente querido morresse amanhã, do que você iria se arrepender? O que ficaria sem ser dito? Que problemas permaneceriam sem solução? O que você pode fazer hoje para se sentir mais em paz com essa pessoa e consigo mesmo? Os sonhos de preparação não precisam provocar em você um pânico

Vivos no Coração

paralisante; pelo contrário, eles poderão mobilizá-lo e levá-lo a agir no presente, com o objetivo de aprimorar seus relacionamentos.

Sonhos Durante a Fase de Luto

A primeira reação à morte de um ente querido é o choque ou a negação. Incapaz de absorver totalmente o impacto do falecimento que acabou de ocorrer, a mente e o corpo respondem por meio do entorpecimento. A capacidade de discernir fica obscurecida, os sentimentos, embotados. "Eu simplesmente não posso acreditar" é uma reação comum. Os sonhos nesse estágio podem refletir o choque. Muitos de meus clientes sonham com as pessoas amadas falecidas, como estando simultaneamente vivas e mortas, o que reflete sua confusão. Por exemplo, Tamara sonhou que o marido estava deitado na cama, morto, quando, subitamente, ele entrou no quarto, vivo. Tamara sentiu-se dividida entre o marido morto e o vivo. Com qual deveria relacionar-se? Qual deles era real?

Outros sonham que o ente querido está morto e acordam com a esperança de que tudo não tenha passado de um pesadelo. Ou uma pessoa pode aparecer cheia de vitalidade e saudável num sonho, convencendo aquele que está sonhando de que "Ela, afinal de contas, continua viva! Não morreu". Esses sonhos refletem o choque e a negação que predominam durante todo o estágio inicial, quando a pessoa luta para integrar essa nova informação à sua realidade. O choque e a negação ajudam a protegê-la do impacto integral da perda; os sonhos nesse período podem exercer a mesma função.

Por outro lado, muitos nessa fase inicial de dor simplesmente não sonham com a pessoa que faleceu. Em vez disso, vêem a si mesmos procurando pela pessoa, em seus sonhos, sem sucesso. Em *Mourning Unlived Lives*, Judith Savage afirma que sonhos de busca ocorrem, em sua maior parte, logo após o falecimento, e que eles geralmente param quando aquele que sofreu a perda começa a aceitar essa realidade.

Eventualmente, contudo, o fato de a morte causar um impacto muito forte, traz à superfície fortes ondas de emoção que, em geral, prostram a pessoa. Quando isto acontece, sonhos caóticos, com imagens obscuras e mesmos assustadoras, são comuns. Durante esse período, muitos sonham que estão perdidos ou confusos ou, então, que são levados por alguma onda gigantesca ou por uma tempestade. É benéfico compreender que esses sonhos revelam o que está ocorrendo na psique: a ruptura de antigas estruturas e o brotar de emoções primitivas, as quais podem contribuir para um sentimento de que se está fora de controle. A perda de um ser amado abala os próprios fundamentos da nossa vida, inundando-nos de sentimentos tão intensos que um comportamento normal parece impossível. A desorientação resultante poderá nos debilitar, mas também poderá destruir nosso limitado senso do eu. Se conseguir render-se a esse processo de ruptura e dissolução, o sofrimento irá transformá-lo. Você emergirá dele mais forte e mais cheio de vitalidade do que quando ele se iniciou.

Elva, que perdeu o pai quando cursava a faculdade, teve sonhos recorrentes, em que se achava perdida, percorrendo ruas sem iluminação e buscando em casas também às escuras. Depois da morte do pai, sentiu-se extremamente desamparada e deprimida. Contou-me que seus sonhos a confortavam por refletirem tão acuradamente por meio de imagens, o que ela estava vivendo no nível emocional. Eles também a guiaram com clareza na direção do trabalho interior, que ela tinha necessidade de realizar durante esse período de sofrimento. Num sonho, ela perguntou a um homem se poderia entrar na casa dele, pois lhe haviam dito que esta possuía muitas passagens secretas. Depois de permanecer por um longo tempo em silêncio, o homem lhe respondeu que agora ela tinha sua própria casa. Elva discutiu com ele. "Mas eu quero conhecer sua casa por causa das passagens secretas." "Sua casa também tem passagens secretas", foi a resposta. "Não, ela não tem", insistiu Elva. "Sim, as passagens secretas estão lá." "Onde?" "Nos armários." "Mas eu olhei em todos." "As passagens estão lá. Você terá de esvaziá-los antes para poder vê-las."

Elva compreendeu que se limpasse seus armários psíquicos, descartando aquilo que não pudesse mais usar, ela teria acesso a algo novo. Ela se sentia ansiosa quanto ao lugar para o qual as passagens secretas pudessem conduzi-la. Lado a lado com as imagens obscuras em seus sonhos, havia sussurros de confirmação, dizendo-lhe que estava progredindo através da dor, e não apenas paralisada pela depressão como ela temia.

Durante o primeiro ano após a morte de meu pai, tive uma série de sonhos, nos quais minha casa estava sendo remodelada, quarto por quarto. Começando pela fundação, cada aposento tinha de ser derrubado, para que pudesse ser reconstruído. Era difícil para mim visualizar o efeito final em meio àquela reforma, e o fato de que o derrubar violento das paredes e o quebrar das janelas pudesse finalmente criar um quarto mais espaçoso e confortável. Na verdade, a morte de meu pai destruiu o mundo que eu conhecia; ao compartilhar minha dor com amigos e parentes, muitas paredes vieram abaixo, gerando mais vulnerabilidade e intimidade em meus relacionamentos.

Um dos perigos durante a fase de dor profunda é a pessoa apegar-se ao sofrimento, mesmo quando a psique já está pronta para se libertar dele. Embora seja mais provável que as pessoas procurem afastar prematuramente a dor, algumas ficam presas a ela, recusando-se a voltar à arena da vida diária. Se isso continuar por muito tempo, não é incomum que o ser amado falecido apareça em sonhos e encoraje ou repreenda aquele que se negou a prosseguir com sua própria vida. Depois da morte de sua mãe, um homem me escreveu, dizendo que seu falecido irmão lhe apareceu num sonho e declarou: "Ainda não chegou sua hora, portanto viva. Porém, quando for o momento, traga um agasalho, pois aqui faz frio."

Durante a fase longa e aguda do luto, sonhos com o ente querido que se foi são tranqüilizadores. Eles demonstram que o relacionamento continua, ainda que seja comum duvidarmos disso durante o período em que o sofrimento é muito grande. Ronald sonhou com a esposa, Linda, seis meses após a morte desta. Como não havia sonhado com ela desde então, ficou radiante em vê-la. Enquanto conversavam, ele lhe confessou a dúvida de que seu relacionamento com ela iria continuar após a morte. Pensara que ela não estivesse mais envolvida com ele ou com sua vida. Linda ficou zangada ao ouvir que ele tinha tido tão pouca fé, repreendendo-o amorosamente. No sonho, ele compreendeu que ela certamente estava presente no coração dele.

Os sonhos algumas vezes nos conduzem através do episódio da morte do ente querido, mesmo depois de terem se passado anos. Mais freqüentemente, tais sonhos ocorrem no final do processo de luto, porém, na verdade, podem sobrevir a qualquer momento. Se você estiver revivendo a morte de uma pessoa amada em seus sonhos, e achar esse fato perturbador e/ou repetitivo, será útil fazer o exercício 3, "Imaginando a morte de um ente querido", do Capítulo 2.

O conteúdo dos sonhos geralmente muda à medida que superamos nossa dor e aceitamos a morte, desafiando-nos a viver com um sentimento maior de vitalidade e autenticidade. Mudanças no conceito que fazemos de nós mesmos, nos valores, carreira e trabalho, relacionamentos e crenças religiosas e espirituais, que vinham se desenvolvendo de forma oculta em nosso íntimo durante o período de sofrimento intenso, começam então a se manifestar exteriormente. Essa é uma época rica em idéias, criatividade e potencial, um período de expansão, distensão e de pensamentos em grande escala. Os sonhos nesse estágio sugerem novas possibilidades, novos rumos e esperanças. Assim, eles refletem entusiasmo quanto a mudanças que se aproximam, bem como a quaisquer resistências, hesitação e dúvidas que possam aflorar, como forma de reação. Elva, que havia sonhado com ruas escuras por tantos meses, sentiu uma mudança em seus sonhos nas semanas que antecederam o primeiro aniversário da morte do pai. Num desses sonhos, um pequeno caixão repousava sobre o altar de uma igreja. Nele estava escrito: "Uma nova vida nasceu hoje." Ela também sonhou que seu casamento estava sendo realizado durante uma cerimônia hindu. Elva atribuiu esse sonho a mudanças em sua auto-estima, que haviam ocorrido desde a morte do pai. Sentiu mais amor e aceitação por si mesma, e maior confiança quanto à sua capacidade de confrontar situações de desafio. Num outro exemplo, perto do primeiro aniversário da morte dos pais, uma cliente sonhou que estava subindo numa escada de mão muito alta e, ao atingir o topo, foi ajudada a transpor o último degrau da escada por uma mulher que a impulsionou, empurrando-a pelas costas.

Em geral, sonhos que ocorrem no final de um período de dor intensa, refletem alterações no relacionamento interior com o ente querido que faleceu. Nessa época, você poderá estar confiante de que o relacionamento irá continuar e não mais precisará de confirmação por meio de sonhos recorrentes, o que era necessário anteriormente. Talvez preveja e aceite longos períodos, durante os quais o ser amado não irá aparecer em seus sonhos, mas se descobrirá saboreando suas visitas oníricas ocasionais. Mais de um ano após a morte do pai, uma cliente teve um sonho no qual havia marcado um encontro com o pai num hotel antigo e encantador. Ela se vestiu especialmente para a ocasião, pediu dois copos de vinho (um tinto para o pai e um rosado para si mesma), e desceu para vê-lo. Ele estava saudável e esguio, como tinha sido durante a juventude. Ambos estavam radiantes e brindaram ao encontro.

Um sonho comovente, que demonstra claramente a visita de um ser querido durante a fase de superação do sofrimento, é descrito no livro de Paul Ebbinger, *Restless Mind, Quiet Thoughts*. Cerca de um ano após o suicídio de Paul, o pai dele, que publicou postumamente os diários do filho, teve um sonho em que ambos faziam juntos uma caminhada pelas montanhas. Enquanto caminhavam lado a lado em silêncio, o filho parecia contente e em bom estado de saúde. Mais tarde, ele comentou com o pai: "Papai, toda a minha antiga confusão e desespero se foram. É tão melhor para mim aqui; posso ver com clareza que o mundo não era realmente adequado para mim. É estranho como nós, seres humanos, nos afastamos cada vez mais, geração após geração, de qualquer modo de vida natural... Se eu tivesse confiado em meu eu interior — em meu íntimo — um pouco antes, naquela época, eu teria conseguido... Agora, vou pegar a trilha mais escarpada à direita; se você continuar na da esquerda encontrará uma linda vista logo adiante, no alto. Assim, minha jornada prossegue — e a sua também. Conversaremos novamente da próxima vez que nos encontrarmos. Até lá, adiós" (Ebbinger, p. 195). Paul e seu pai se encontraram naquele sonho como o teriam feito em vida. Compartilhariam o silêncio e palavras, e depois se separariam, cada um tomando um caminho diferente. Presume-se que, no momento correto, irão se encontrar outra vez — talvez num sonho.

Os sonhos são, portanto, dons preciosos que o guiarão pelos desafios da dor, lembrando-o de que em imaginação você não perdeu contato com aqueles que faleceram. Suas experiências oníricas lhe permitirão saber se está reprimindo seu sofrimento, e o informarão sobre aquilo que necessita de cuidados para que receba a cura. Eles mudarão, em resposta às alterações que forem ocorrendo em sua psique. Sonhos iniciais em geral refletem o choque e a negação pelos quais a pessoa está passando; outros, durante a fase mais aguda do sofrimento, podem se mostrar caóticos e até mesmo assustadores. Após vários meses de muita dor, os sonhos poderão encorajá-lo a expandir-se, considerar novas possibilidades, explorar novos rumos. Confie na sabedoria dos sonhos; eles o põem em contato com a imensa e imaginativa dimensão do inconsciente, onde os recursos para o aprofundamento e para a cura da perda podem ser encontrados. Os passos seguintes irão ajudá-lo a recuperar seus sonhos e a trabalhar com eles.

Sete Estágios para Trabalhar Com os Sonhos

1. O primeiro passo é estabelecer um relacionamento com seus sonhos, considerando-os mensageiros do inconsciente. Talvez você os tenha sempre ignorado ou menosprezado as mensagens dessa parte de sua psique. Porém, a maior parte das culturas no mundo todo vem usando sonhos como instrumentos de cura; Freud e Jung, os grandes gênios/estudiosos da psique humana, e que se ocuparam de seu mapeamento, comprovaram o grande valor que os sonhos têm para nós como canais que nos ligam aos instintos, às lembranças sepultadas e ao inconsciente. Se você tem evitado essa faceta da sua realidade, talvez tenha de convencer o inconsciente de que dá valor às informações que recebe dele, e que neste momento está preparado para ouvi-lo. Ao abordar seus sonhos com respeito, humildade e receptividade, você desenvolverá um relacionamento construtivo com seu inconsciente.

2. Antes de se deitar, afirme de maneira inequívoca que quer se lembrar de um sonho, que está receptivo a qualquer coisa que seu inconsciente lhe apresentar. Se, atualmente, estiver se defrontando com um problema em particular ou um assunto importante, peça um sonho que se refira a ele especificamente.

   Coloque caneta e papel (ou um gravador) e uma lanterna ao lado da cama, e assuma o compromisso de anotar qualquer fragmento ou sonho de que se lembrar. Depois durma. Se acordar no meio da noite e tiver tido um sonho, anote-o imediatamente. Faça anotações breves, que poderá desenvolver mais tarde. Muitas pessoas presumem que de manhã, irão se lembrar do sonho, porém descobrem no dia seguinte que ele se dissipou completamente.

   De manhã, não se levante ou fale imediatamente com outras pessoas, mas reserve algum tempo para refletir sobre seus sonhos. Sem se preocupar com estilo ou correções, escreva tudo que conseguir lembrar, incluindo fragmentos. Algumas vezes, um fragmento é como a cauda de um peixe. Se você segurá-la com firmeza, o restante do sonho poderá emergir das profundezas do inconsciente. Ainda que não se lembre do sonho todo, o fragmento em si pode, com freqüência, ser uma rica fonte de percepções.

Se tiver dificuldade em se lembrar de seus sonhos, seja paciente. Não desista. Alguns amigos e pacientes meus obtiveram sucesso escrevendo em papel ou mesmo no ar: "Quero me lembrar de um sonho esta noite." Ou, então, você poderá praticar um exercício de imaginação criativa, no qual fecha os olhos, imagina-se indo dormir, sonhando e despertando pela manhã com uma lembrança clara desse sonho.

3. Posteriormente, registre sua experiência onírica num diário destinado a essa finalidade. Após consultar suas notas, descreva o sonho no tempo presente, como se ele estivesse se desenrolando nesse momento. Depois, escolha um título para ele. Escrever sobre um sonho num diário especial dá importância a ele e envia ao inconsciente a mensagem de que você está recebendo com seriedade as informações que ele lhe dá.

Depois de ter registrado o sonho, passe algum tempo refletindo sobre essa experiência. Prepare-se para o inesperado; admita sua ignorância. Aborde o sonho humildemente, afastando interpretações apressadas. Lembre-se de que o mundo onírico opera em muitos níveis, concomitantemente; um sonho nunca pode ser reduzido a apenas um significado. Você poderá ficar perplexo, perturbado ou até mesmo resistir a ele. Tudo isso é natural quando se trata de trabalhar com sonhos. Sua tarefa, nesse momento, é simplesmente absorver as imagens oníricas e deixar que elas atuem em você. Após estudar os sonhos durante toda uma vida, Carl Jung confessou que estes continuavam sendo um mistério para ele. Não confiava em que sua maneira de analisar os sonhos pudesse ser considerada como um método. Contudo, Jung tinha certeza de que alguma coisa sempre afloraria ao se meditar sobre um sonho, ao se refletir sobre ele repetidas vez durante um certo período de tempo.

4. Para começar a analisar o que precisa de solução num sonho, faça perguntas a respeito do mesmo e das imagens que ele contém. Abaixo, cito alguns exemplos de perguntas a serem feitas:

- O que estou ou não estou fazendo no sonho?
- Quais são as ações significativas neste sonho?
- Que sentimentos ele traz à tona?
- Quais são as figuras oníricas que aparecem?
- Que questões, conflitos e situações não-resolvidas emergem?
- Que possibilidades de cura estão presentes?
- Que perguntas este sonho suscita em mim?
- Quais são as imagens que mais se destacam?
- Que associações cada imagem evoca em mim?
- O que está sendo tocado e/ou curado no sonho?
- Este sonho está de alguma forma relacionado com outros?
- Alguma situação de minha vida diária me vem à mente enquanto reflito sobre este sonho?
- Que novas escolhas ele sugere ou inspira?

Aqui estão alguns exemplos de perguntas que você pode fazer para as pessoas que aparecem em seu sonho:

- O que você quer?
- O que quer me mostrar?
- Você tem alguma mensagem para mim?
- Qual é seu dom?
- O que preciso fazer para travar um relacionamento com você?
- Para onde você quer me conduzir?

5. Procure elos de ligação entre este sonho e outros. Se descobrir, ao consultar seu diário, que tem sonhado regularmente com um tema semelhante, leia cuidadosamente outra vez todos os sonhos dessa série. Talvez um sonho mais antigo apresente problemas a ser explorados em experiências oníricas subseqüentes. Ou, ainda, pode ser que um sonho posterior ofereça informações cruciais que estavam faltando nos sonhos iniciais.

6. À medida que for percorrendo esses estágios, lembre-se de que um sonho nunca pode ser reduzido a um único significado. Mesmo que esteja confiante quanto a qualquer interpretação que tenha dado a um sonho, mantenha-se atento a outras possibilidades. O escritor/psicólogo James Hillman escreve com grande propriedade: "Quando relembramos qualquer sonho que foi importante para nós, com o passar do tempo e quanto mais refletimos sobre ele, mais descobrimos, sendo mais variadas as direções às quais ele nos conduz. Qualquer certeza que num determinado momento ele possa nos ter dado, transforma-se em complexidades que se encontram além de formulações claras, cada vez que o sonho é estudado novamente. A profundidade, mesmo da imagem mais simples, é insondável. Essa profundidade interminável, abrangente, é uma forma pela qual os sonhos demonstram seu amor" (Hillman, p. 200).

7. Outros métodos o ajudarão a analisar mais detalhadamente seu sonho:

- Dialogue com as figuras ou imagens oníricas.
- Personifique as pessoas, os animais ou os objetos que aparecem e reviva o sonho, a partir dessas perspectivas.
- Pinte ou desenhe o sonho; esculpa uma imagem onírica.
- Represente o sonho, como numa peça teatral.
- Em imaginação, volte ao sonho e o sonhe novamente. O exercício seguinte lhe mostrará como reviver o sonho.

Exercício 1
A volta a um sonho

Quando sonhar com alguém que já faleceu, faça uma anotação. Passe alguns minutos relembrando a parte mais significativa ou vívida do sonho no qual a pessoa aparece. Depois, feche os olhos e volte ao sonho, colocando-se dentro do ambiente onírico. Ainda que não tenha percebido quaisquer odores, sons ou texturas em seu sonho original, explore esse lugar agora com todos os sentidos. Olhe à volta. Toque, cheire, ouça. Continue a explorar esse ambiente com os sentidos, até estar inteiramente presente no seu corpo. Isso o ajudará a passar de sua lembrança do sonho para a experiência do mesmo no momento atual.

A seguir, preste bastante atenção à expressão da pessoa que aparece no sonho, seus movimentos, ao modo como está vestida. Se os pormenores lhe parecerem vagos, focalize, como se o estivesse fazendo através da lente de uma câmara, uma pequena parte dessa pessoa. Ao se concentrar nesses elementos, outros detalhes poderão se tornar mais claros. Depois, expanda seu foco, incluindo a pessoa como um todo.

Algum tempo é necessário para desenvolver seus sentidos interiores; você poderá não ser capaz de ver as imagens com nitidez nas primeiras vezes que praticar os exercícios de imaginação. Mesmo sem visualizar quaisquer detalhes da pessoa, talvez possa perceber a presença dela. Fique atento para o que estiver sentindo.

Para criar uma oportunidade de falar com ela, aborde a pessoa diretamente. Faça às suas figuras oníricas as perguntas mencionadas anteriormente, como uma forma de investigá-las.

Nos dias que se seguirem, procure meios por intermédio dos quais você possa expressar as imagens que criou quando estava adormecido. Por exemplo, um cliente que teve um sonho marcante em que aparecia um leão, sentiu-se inspirado a comprar um camisa com uma estampa de cabeça de leão. O fato de usar essa camisa fez aflorar o leão que havia nele; na verdade, permitiu que ele se sentisse mais corajoso e cheio de energia. Nesse sentido, um sonho é um chamado para se despertar e viver mais plenamente.

CAPÍTULO 4

Cartas: o início de uma troca de correspondências

Sonhos com entes queridos que já faleceram nos surpreendem e confortam. A maioria das pessoas tem a sensação de que esses sonhos ocorrem muito raramente, ficando profundamente frustradas ao perder contato quando acorda, como se uma ligação telefônica fosse abruptamente interrompida. Elas esperam e continuam esperando por novos sonhos, acreditando que estes ofereçam o único meio de entrarem em contato com os que partiram. Contudo, você não precisa esperar. Use os métodos de comunicação descritos neste capítulo e nos capítulos subseqüentes para obter acesso e analisar esse relacionamento de características tão singulares. Você poderá fazer os exercícios na ordem em que são apresentados ou simplesmente escolher aqueles que mais o atraem. Recolha-se sempre ao santuário que criou em sua casa para executar o exercício escolhido.

Escreva uma Carta

Começaremos com uma técnica de comunicação que talvez se constitua na abordagem mais fácil, sendo a que gera menos resistência, mesmo quando ambas as partes estão vivas. A elaboração de uma carta lhe permite refletir, escolher, reescrever, revisar e levar tanto tempo quanto achar necessário para expressar-se detalhadamente.

Dentro do espaço da uma carta, você tem liberdade para se expressar honesta, direta e completamente, sem se preocupar com a reação da outra pessoa. Esse tipo de *"carte blanche"* o ajudará a expressar tudo aquilo que você reprimiu ou silenciou em seu contato com o outro, atingindo, portanto, o alvo com precisão, isto é, as questões a serem resolvidas em seu relacionamento. Por exemplo, escreva a respeito das experiências pelas quais tem passado desde que seu ser amado faleceu, daquilo que tem saudade, o que aprendeu sobre si mesmo e sobre o relacionamento, o que aprecia ou lhe causa ressentimentos em seu relacionamento, aquilo que pretende continuar a fazer. Se determinadas questões vieram à tona desde a morte dessa pessoa, ou outras que nunca foram abordadas enquanto a pessoa estava viva começaram a incomodá-lo, escreva sobre elas. Se estiver trazendo à baila um acontecimento passado que espera resolver, você poderá redefinir as circunstâncias em que este ocorreu, descrevendo exatamente como se sente com relação a ele e de que forma gostaria de mudá-lo. Esse acontecimento o afetou e afetou também o que você espera no presente. Lembre-se, você perceberá que sua comunicação flui mais livremente se evitar atribuir culpas, passar um sermão ou fazer exigências. Todavia, expresse-se honestamente, com autenticidade, sem se desviar ou refrear seus sentimentos verdadeiros, mesmo que eles sejam dolorosamente negativos.

Não se sinta desencorajado pelo fato de sua primeira carta deixar transparecer raiva, caso isso ocorra. É comum sentir-se irado com um ente querido por este ter morrido e causado mágoas e desapontamentos, o que as pessoas sempre fazem, afetando umas às outras em diferentes graus. Talvez você precise expressar sentimentos, pensamentos e lembranças constrangedoras antes de poder mudar, tornando-se mais compassivo, amoroso ou compreensivo. Possivelmente, essa transição não será efetuada numa única carta; várias cartas podem ser necessárias para se chegar à solução final de problemas pendentes. Porém, lembre-se durante todo o curso do trabalho de que, ao começar a escrever uma carta para seu ente querido, você estará iniciando um processo de cura, o qual se desenvolverá segundo um ritmo próprio. Você poderá participar dele ativamente, mas não poderá controlá-lo ou forçá-lo a seguir numa determinada direção.

A seguir, sugiro alguns exemplos de perguntas que você poderá fazer a si mesmo enquanto escreve a carta:

- Que experiências tive desde a morte do meu ente querido?
- Do que sinto falta?
- O que lamento?
- Quais são as questões em nosso relacionamento que permanecem sem solução?
- Do que me ressinto?
- O que aprecio?
- O que aprendi a meu respeito, a respeito de meu ser amado e de nosso relacionamento?
- O que quero continuar fazendo?

Depois de haver escrito a carta pergunte-se:

- Fui aberto e honesto?
- Expressei meu amor e gratidão?
- Referi-me a assuntos não-resolvidos em nosso relacionamento?
- Ainda sinto algum arrependimento?
- Meus ressentimentos ainda me incomodam?
- Alguma coisa deixou de ser dita?
- Sinto-me preparado para perdoar? Sinto-me mais compreensivo?

A Carta de Marianne

Marianne escreveu a seguinte carta para o irmão, que havia falecido num acidente quando freqüentava uma universidade na Inglaterra:

Querido James,

Pergunto onde você está e, nas vozes da chuva e do vento, percebo você me dizendo que se trata de uma pergunta incorreta, que você *está*, mas não existe *onde*. Foi uma tentativa de pergunta que lhe fiz. Tenho consciência de estar resistindo a conversar com você. Não quero me entregar à dor novamente. Minha garganta está apertada e meu pescoço e ombros, tensos. Eles estão bloqueando os sentimentos de meu coração.

Experimentei várias maneiras de me aproximar de você, porém não existem imagens claras, nenhum som de sua voz. É difícil para mim até mesmo visualizar seu rosto. O que aparece é uma sucessão contínua de cenas, como se eu assistisse a partes de um filme doméstico, mostrando a nossa vida, enquanto crescíamos. Parece não haver um meio de interromper esse fluxo para olhar só um "quadro". Nosso breve convívio passa e desaparece — foi um período tão transitório. Se apenas eu pudesse voltar esse filme e mostrar-lhe como você era precioso para mim!

Agora, sinto lágrimas em meus olhos... esses "se apenas" causam muita dor.

Percebo agora que me neguei quase totalmente a sentir minha própria tristeza pela sua morte. Mamãe e papai estavam tão dominados pela dor, sofriam tanto, que me vi na situação de ter de apoiá-los. Não parecia haver nenhum lugar aonde eu pudesse ir para chorar sozinha. Ninguém nos Estados Unidos conhecia você, e mamãe e papai me pediram que eu não voltasse para casa, para seu enterro, porque não queriam sofrer ainda mais tendo que se despedir de mim depois. Eu não sabia o que fazer naquela ocasião. Não tinha autoconfiança suficiente para contrariá-los e fazer o que meu coração pedia: voltar, estar com eles e

VIVOS NO CORAÇÃO

95

com você, ver seu pobre corpo, ouvir as palavras e os hinos religiosos durante o velório, chorar com mamãe e papai, segurando suas cinzas numa pequena caixa em meu colo, participar do silêncio da casa, envolta em tristeza.

Uma das coisas mais difíceis para mim é ir além da barreira que existe a respeito do que realmente aconteceu a você. Sei que era de manhã cedo; você estava a caminho do trabalho. Seu carro havia quebrado e você tentava consertá-lo. Algumas pessoas haviam parado, e suponho que iam tentar ajudá-lo. Naquele momento, um caminhão apareceu, em grande velocidade, imagino, bateu em você e continuou sua marcha. É possível que o motorista nem tenha percebido o que fez. Sei que ele não foi encontrado; aquilo tudo pareceu inacabado por muito tempo.

As outras pessoas viram quando ele o atropelou. A princípio, procurei imaginar a cena repetidas vezes. Era quase como se eu estivesse tentando forçar a realidade para dentro de meu próprio corpo, para que eu pudesse sentir o que havia acontecido. Existem tantas perguntas sem resposta: você morreu instantaneamente? O que aconteceu com seu corpo? Ele ficou muito ferido? Você sentiu muita dor? E quanto à morte em si: você estava livre para partir ou foi apanhado de surpresa, sem saber se estava vivo ou morto?

Sei que você esteve com mamãe porque ela percebeu sua presença e o ouviu tranqüilizando-a. Aquilo nos ajudou a todos, acho. Há muitas coisas que ignoro, e ainda não me sinto capaz de falar sobre elas com mamãe e papai. Talvez eu não precise fazer isso. É algo que devo investigar em mim mesma. Preciso saber se consigo superar sua morte sozinha, ou se tenho realmente de recriar tudo o que aconteceu, como um meio de resolver esse impasse.

Portanto, agora, depois de todos esses anos, o que devo escrever para você? Nem mesmo me lembro da data de sua morte. Dez de outubro, creio, de 1980. No ano em que Mount St. Helens explodiu. Lembrome das intermináveis imagens da fumaça escura. Aquele foi um outono cinzento, um inverno cinzento. É difícil penetrar no nevoeiro com o qual amortalhei aquele período.

Algumas vezes, eu o vejo muito nitidamente em meus sonhos. Sinto como se sua morte fosse o sonho real e que, ao acordar, eu poderia simplesmente telefonar-lhe e logo estaríamos conversando e rindo, como se o tempo tivesse parado desde a última vez que nos vimos.

Na verdade, como foi curto o tempo que passamos um com o outro, desde que ambos fomos para o colégio interno e depois para a faculdade! Nossa cultura realmente não favorecia a expressão aberta de nossos sentimentos, não é mesmo? Contudo, guardo como um verdadeiro tesouro o nosso suave e amoroso contato nas raras e últimas vezes que nos vimos, e sei em meu íntimo que você também se preocupava e nos amava profundamente. Meu coração ainda sente dor por não poder abraçá-lo e expressar esse amor por meio da presença física.

Acredito que você esteja comigo de alguma forma. Algumas vezes penso vê-lo me encorajando a fazer todas as mudanças necessárias em minha vida — ir à escola, criar um maravilhoso relacionamento com G., acordar para a vida, de maneiras que me levem a transpor limites para novas realidades.

Fazer este curso e escrever esta carta levaram-me a ficar atenta à sensação da sua presença. Enquanto escrevo a carta, posso sentir uma pequena mudança, como se eu estivesse afrouxando o controle sobre a dor das lembranças, permitindo a mim mesma abrir espaço para um novo relacionamento com você. Um certo pânico se apossa de mim. "Mas não quero esquecer. O sofrimento me ajuda a lembrar." E a resposta vem: "Liberte-se da antiga dor. Ela a impede de estar receptiva a sentimentos criativos mais profundos. Haverá tristeza e lágrimas, mas o amor pode apenas crescer se você deixar que a luz entre. Não se prenda. Liberte-se."

James, esteja comigo em meu processo de desapego. Talvez isso pareça loucura, porém tenho certeza de que sentirei sua presença mais claramente em minha vida se me libertar de meu medo de perdê-lo. Eu o perdi no plano físico. Você se foi. Contudo, estou começando a compreender a realidade de outras formas de presença — em energia, consciência, intensidade. Sei que você está aqui.

Há alguns dias, reli parte do que havia escrito. A primeira coisa que se destaca é a surpresa diante do profundo amor que ainda sinto por você. Ele é tão vivo, tão presente. Esse sentimento é acompanhado por uma certa reserva. Sei que há coisas a seu respeito e a respeito de sua vida que jamais conhecerei. Seus amigos de Oxford estavam muito mais próximos de você, na idade adulta, do que eu jamais estive; existe uma parte de mim que se sente quase presunçosa pelo meu sentimento de intimidade e amor.

Houve tantas mudanças em nossa família desde a sua morte, acho que *devido* à sua morte. Somos íntimos e atenciosos agora. Apreciamos nossos momentos juntos e falamos com sinceridade sobre diversos assuntos. Somos muito mais amorosos — abertamente amorosos. Que preço tivemos de pagar para que pudéssemos reivindicar e expressar nosso amor um pelo outro. E como é grande nosso compromisso, por causa desse preço, de realmente honrar nossa união. De certa maneira, é "você" em nós que energiza nosso amor mútuo.

Reluto em parar de escrever, como se, ao fazê-lo, eu possa romper esse sentimento de ligação com você. Porém, sinto, neste momento, que vou conseguir. Tenho consciência de que a dor é suportável e que, ao expressá-la, ela nos ilumina e nos liberta — a ambos.

Obrigada por estar comigo. Obrigada por sua alma cheia de amor.

Como muitas outras pessoas que escreveram cartas a entes queridos já falecidos, Marianne passou por mudanças significativas em seu sofrimento, à medida que escrevia. A princípio, sentiu-se hesitante em começar a escrever, porque sabia que aquilo iria colocá-la em contato com a dor novamente. Ao assumir o compromisso de prosseguir nessa tarefa, as lembranças vieram à superfície — lembranças do irmão, de seu relacionamento com ele e de sua morte — ela percebeu que as perguntas sem resposta sobre como tinha sido a morte haviam impedido que ela se recuperasse do sofrimento. É comum que pessoas que não estiveram presentes na época da morte acidental de um parente fiquem obcecadas com relação a detalhes do acidente. Em geral, sugiro que meus clientes trabalhem com exercícios de imaginação criativa, como "A comunicação interior com os que estão morrendo", apresentada no Capítulo 2, com a finalidade de participarem da transição e de se despedirem. Enquanto investigava o que poderia ter acontecido no dia em que o irmão foi morto, Marianne abriu-se à sua dor, seu sofrimento começou a fluir, tornando seu coração receptivo. Somente então ela pôde sentir o profundo amor que tinha por James. Percebeu o quanto ainda sentia a presença dele em sua vida — "como energia, consciência, intensidade". Ao chegar a esse ponto da carta, Marianne viu uma mudança ocorrer: a libertação de suas lembranças dolorosas deixou espaço para um novo relacionamento com James. Em vez de continuar obcecada com a perda do irmão, ela agora via as transformações positivas que tinham ocorrido devido à morte dele; por exemplo, a família estava mais unida e comunicativa.

A ligação de Marianne com James, que ela era incapaz de sentir no início da carta, era tão forte no final da mesma, que na verdade ela achou difícil parar de escrever. Sabia que a partir dali conseguiria suportar a dor, senti-la e deixá-la ir. Descobriu também que poderia ter um novo relacionamento com James, cheio de amor e gratidão. Por escrever a carta, Marianne sentiu que havia libertado o irmão e a si mesma.

Henri Nouwen escreveu sobre a mãe em *In Memoriam*: "Nestas semanas de luto, ela morreu em mim mais e mais a cada dia, tornando impossível minha ligação com ela como minha mãe. Todavia, libertando-a eu não a perdi. Ao contrário, descobri que ela está mais próxima de mim do que nunca" (Nouwen, p. 60).

A Carta de Amy ao Pai

Amy, uma participante de meus seminários, escreveu ao pai, que havia falecido oito anos antes. Após iniciar a carta várias vezes, percebeu que estava evitando os aspectos mais difíceis do relacionamento de ambos. Quando conseguiu abordar seus ressentimentos e arrependimentos abertamente, a carta começou a fluir.

Querido papai,

Tantas coisas aconteceram em minha vida desde que você morreu (e com que freqüência, durante o primeiro ano, pensei, "Puxa, tenho de telefonar para papai e contar-lhe!"). Embora você talvez possa não compreender parte daquilo que me ocupa hoje, tenho certeza de que ficaria contente em saber que amadureci muito e que, finalmente, estou num caminho de minha própria escolha, pelo qual sinto um grande entusiasmo.

Porém, antes, deixe-me falar um pouco sobre a época em que você morreu. Sou realmente grata por ter passado aqueles últimos meses com você. Pudemos nos conhecer de uma maneira que nunca tínhamos feito antes. Senti que você estava mesmo orgulhoso de mim, que afinal era capaz de me ver trabalhando. Você me via como uma pessoa responsável, competente e bastante inteligente, o que sempre acreditou que eu fosse! Eu pude senti-lo muito mais carinhoso do que tinha sido quando eu era pequena. Você se tornou mais gentil, amoroso, me aceitava melhor; foi mais fácil conviver com você. E eu apreciava de verdade a sua companhia quando tínhamos a oportunidade de estar juntos. Fiquei contente em descobrir que concordávamos em muitas coisas, depois de todos aqueles anos brigando um com o outro. Senti-me bem ao perceber que você estava feliz comigo e com a minha "transformação".

Comecei a escrever partes desta carta várias vezes. Percebo que hesito em contar tudo novamente. Entretanto, quero me expressar neste momento sem que haja barreiras, e ser tão honesta com você como sou com as outras pessoas — honesta, sem censura nem culpa. Muitas coisas se passaram entre nós, raiva, mágoa e confusão. O que sinto agora é a necessidade de perdoar — a nós dois. Aí onde você está nada posso fazer, exceto me sentir próxima de você e reconhecer o quanto o amo e sou amada por você.

Por mais que adore mamãe e esteja ligada a ela, percebo que VOCÊ teve mais influência sobre mim, acima de qualquer outra pessoa... uma influência muito maior do que eu havia compreendido até agora. Quer eu estivesse me rebelando ou tentando obter sua aprovação (a qual me parecia impossível quando criança), quer o imitasse, aprendesse todas as coisas úteis que me ensinou, e às vezes o rejeitasse como modelo, ou tentasse magoá-lo, fosse lá o que fosse... você se tornou a semente em torno da qual Amy se desenvolveu. Penso que, desde que partiu, tenho estado retirando as sucessivas camadas que foram se acumulando, até finalmente encontrar a minha essência. É quase como se eu fosse capaz de recriar a mim mesma no presente, em meu relacionamento com você, e não afastá-lo como seria natural.

Penso que tudo, provavelmente, seja muito simples: você sempre me amou e não se preocupou em me dizer ou me transmitir a certeza disso — devido à maneira como foi educado.

Arrependo-me de alguma coisa? Sim. Arrependo-me das coisas que fiz para magoá-lo, sinto por não tê-lo beijado ao me despedir naquela última noite. Tive receio de acordá-lo e de provocar outro acesso, porém gostaria de tê-lo beijado. E gostaria de ter ido ver seu corpo depois de morto. Não sei por quê... Foi uma dessas coisas que pensei em fazer, mas convenci a mim mesma do contrário. Tento não mais me convencer a não fazer as coisas que quero.

Tenho algum ressentimento? Sim. Ressinto-me do fato de que, devido a quaisquer pressões por que você estivesse passando ou por não ter recebido amor incondicional quando criança, você era realmente muito duro comigo. Sempre me fazia lembrar de meu potencial, dizendo que eu não o estava desenvolvendo como deveria; desaprovava-me com freqüência; chamava-me de "menininha confusa", quando o que eu na ver-

VIVOS NO CORAÇÃO 101

dade precisava era de compreensão; isso tudo me atingia profundamente; você era áspero comigo quando eu precisava de ternura; não tinha respeito por meus sentimentos; criticava-me; tentou me assustar com relação ao sexo, em vez de me educar, deixando-me terrivelmente vulnerável em relação às próprias coisas das quais você esperava conseguir me proteger; nunca me disse que eu era bonita. Levei muito tempo para me libertar de sentimentos de vergonha e para encontrar novamente minha auto-estima, papai. Contudo, me libertei e não pretendo passar o resto de minha vida culpando-o ou a mim mesma. Hesito em dizer-lhe que o perdôo porque isso soa como ingratidão por tudo que você fez por mim. Finalmente, percebi que essas duas coisas não têm ligação entre si. Você fez o que fez por mim e, ao mesmo tempo, teve algumas atitudes que realmente me magoaram e que encarei de maneira muito pessoal e séria. Eu lhe agradeço pelo que fez por mim e o perdôo por sua falta de amor em outras coisas. Perdôo-me também e espero receber seu perdão.

Agora que os aspectos mais difíceis e desagradáveis de nosso relacionamento vieram à tona, talvez eu possa falar a respeito apenas do que eu amava em você e o que quero, está bem? Você tinha uma boa aparência papai, e um corpo bem proporcionado, mesmo quando já não era tão jovem! Muitas pessoas gostavam de você. Trabalhava com empenho para nos proporcionar o suficiente para comer e vestir. Sei que nos amava e amava mamãe, expressando esse amor da melhor maneira que conseguia. Você cuidou de seu irmão e de sua mãe, e até mesmo de pessoas que trabalharam para você. Provavelmente, fez coisas por pessoas que nem sequer mencionou. Em muitos aspectos você era um homem generoso. Gostaria de ter sido mais dona de mim mesma para ter conversado com você como amiga. Você teria falado mais sobre seus assuntos pessoais? Teria compartilhado o que aconteceu na guerra ou teria guardado aquilo para si mesmo para sempre, como vovó ainda faz? Há alguma coisa que gostaria de ter me contado e que não chegou a contar? Você o faria agora?

Você sabia que quando morreu, a bandeira foi hasteada a meio pau no centro comunitário? Aquilo foi incrível. Você fez tanto por aquela pequena cidade! Construiu sua empresa a partir do nada, tornando-a um negócio rentável, o que deixou mamãe numa boa situação financeira. Agradeço-lhe por todas essas coisas, papai.

Quero lhe perguntar algo. Algumas vezes me lembro de como era ser uma menina bem pequena e, nesses momentos, o que preciso é ser abraçada pelo meu pai, preciso que me diga que me acha bonita e digna de admiração por ser como sou, ouvi-lo dizer que me ama. Seria bom para você se fizéssemos isso periodicamente? Você não tem de dizer nada, mas apenas abraçar-me e eu saberei. E você também saberá que eu o amo, está bem? Obrigada, papai. Eu o amo. Sinto falta de você.

Amy começou a carta informando o pai a respeito dos progressos que fez na vida. Depois, relembrou os meses finais com ele e disse o quanto apreciou o tempo que tiveram juntos. Nesse ponto da carta, Amy admitiu que também tinha outros sentimentos em relação ao pai, e que estes eram mais difíceis de expressar. Assumiu o compromisso de ser sincera com ele, sem culpá-lo. Por intermédio da poderosa declaração: "Você foi a semente ao redor da qual Amy se formou", Amy reconheceu que o pai havia exercido sobre ela uma influência maior do qualquer outra pessoa; como resultado, as críticas dele e a reserva ao expressar seu amor por ela tinham tido um impacto destruidor sobre a auto-estima da filha. Depois de lhe ter comunicado seus arrependimentos e ressentimentos, Amy sentiu-se preparada para perdoar a si mesma e ao pai. Somente então pôde reconhecer todas as maneiras positivas pelas quais ele havia influenciado a vida dela, a de sua família e da comunidade onde moravam. No final da carta, ela se sentia tão próxima do pai que pediu a ele para abraçá-la de tempos em tempos, como se ainda fosse criança. Um grande número de adultos que perdeu um dos pais tem me confessado: "Eu só quero minha mãe! Eu só quero meu pai!"

A Carta de Charlotte

A morte do primeiro amigo de Charlotte causou um profundo impacto na vida dela: ela tinha 18 anos quando ele faleceu e ela jurou nunca mais amar. Sentindo-se culpada por sua vida continuar após a vida do amigo ter terminado, ela deixou de lado seus sonhos para o futuro. Na época em que escreveu a carta a seguir, Charlotte havia emergido de "13 anos de escuridão", sendo capaz de expressar como a perda do amigo havia sido devastadora e o quanto a amizade entre eles havia significado para ela.

Caro Donnie,

Alguma vez lhe contei sobre Howdy Doody? Minha família estava morando no Texas; acho que eu tinha cerca de 7 anos. Como você sabe, minha mãe, assim como sua mãe antes dela, não me deixava brincar com outras crianças. Conseqüentemente, eu era uma criança solitária. Howdy Doody era meu amigo. Então, um dia, minha mãe destruiu aquele amor ao me contar que ele não era um menino de verdade; tratava-se de uma marionete que se movia através de fios presos a varetas, e era controlada por um homem que ficava atrás de uma cortina. Meu único amigo não era real. Senti-me arrasada pela notícia.

Nós nos conhecemos poucos meses depois. Disseram-me que você me deu flores de seu jardim. Não me lembro desse episódio, mas trago na memória a alegria de estar com você. Meu próprio amigo! Você gostou de mim e achou que eu era amável. Pela primeira vez, pude estar na presença de alguém do sexo masculino sem receio de apanhar. Eu não usava meias e minhas pernas magras apareciam sob a saia infantil. Não tive vergonha. Estava livre para desfrutar de sua companhia. Lembro-me de meu sorriso. Ele partia de você, se dirigia para o meu íntimo, minha alma, depois para o meu coração e voltava para você novamente. Você se sentiu da mesma forma? As flores eram de um vermelho profundo e as hastes verdes e escuras?

Tínhamos 18 anos quando você morreu e eu prometi a mim mesma nunca mais amar. Não poderia saber, naquele momento, que esse voto teria um grande efeito sobre a minha vida. A dor de perdê-lo era imensa. A culpa diante da idéia de superar esse sofrimento tornava-se igualmente insuportável. Nada poderia ajudar-me; além disso, eu era provavelmente fraca demais e emocionalmente imatura para receber ajuda. Minha solução foi fechar-me. Nenhum amor ou riscos novamente, nenhuma culpa e sofrimento. Chamo a esse período de meus 13 anos de trevas.

Você estava lá quando tive a visão? Eu o vi sentado, com sua única perna apoiada sob o queixo, como você costumava fazer. Eu então relembrei a dor do câncer e, pela primeira vez, senti um medo enorme. Você ficava aterrorizado com essa dor, assim como eu? Tive náuseas. Sua aparência era assustadora; seu corpo adolescente em desenvolvimento definhou, até tornar-se algo grotesco. Porém, como eu poderia reagir a isso, enquanto me preocupava com você? Foi necessário todo esse tempo para que eu sentisse a dor, o medo e a devastação que a morte lhe causou. Demorou ainda mais para eu perceber o quanto essa devastação afetou minha própria vida.

A parte seguinte da visão foi transcendental. Seu corpo se metamorfoseou em cores sobrenaturais, verde brilhante e amarelo. Lentamente, foi se transformando num embrião. Tão belo! Essa visão se constituiu numa dádiva maravilhosa. A partir desse instante, eu soube que existia uma vida após a morte.

Em maio passado, eu estava limpando a casa e ouvindo Joan Baez e Leonard Cohen. Uma das minhas canções favoritas fala sobre vermos nosso amor verdadeiro. Quando ouvi a última frase: "e a morte havia posto fim ao seu crescimento", eu estava perto de uma grande poltrona. Subitamente, deixei-me afundar na poltrona, com o coração trespassado pelo sofrimento de perdê-lo. De meu íntimo, vieram as palavras: "Eu nem mesmo sabia." Você foi o meu primeiro amor e, até então, eu não tinha percebido. Meus pais nunca me deixaram saber o que era importante para mim. Recentemente, comecei a descobrir quem sou, e o que sinto ou

VIVOS NO CORAÇÃO   105

preciso. Esse "conhecimento" me trouxe à memória o sofrimento e a saudade que ainda tenho de você.

Agora, estou estudando. Poucas semanas atrás, sonhei com você. Eu lhe contava que estava fazendo meu doutorado. Em seguida, fui tomada por um tremendo sentimento de culpa. Lembra-se daquele último verão, quando passamos o dia no pequeno lago? Sharon, você e eu estávamos sentados e conversávamos. Sharon tinha acabado de nos contar seus sonhos para o futuro. Ali estava eu, com garotos da minha idade. Expressei meu desejo de terminar a faculdade. Você comentou: "Eu quero apenas viver", e nadou, afastando-se de nós. Aquilo nos causou mal-estar. Você já me perdoou? Como pude ser tão insensível? Meu sentimento de culpa baniu de minha vida a esperança de fazer algo de mim mesma. Como eu podia esperar o privilégio de uma educação quando a própria vida lhe havia sido negada? Agora, depois de todos esses anos, vou receber o meu diploma. Creio que já é tempo de me perdoar.

Você foi minha esperança para o futuro. Foi meu primeiro amigo. Sem você em minha vida, acho que eu não teria conhecido meu marido. Ainda sinto falta de você e há momentos em que fico com raiva por você ter partido. Agora, você começou a me ajudar através de meus sonhos.

Agradeço-lhe por isso.

Amor, Lottie

Escrever essa carta pungente ajudou Charlotte, após anos de torturante sofrimento, a criar um novo relacionamento com Donnie. Em vez de se sentir culpada por procurar conseguir algo que era importante para ela, Charlotte podia agora compartilhar orgulhosamente suas conquistas acadêmicas com Donnie e aceitar sua ajuda por intermédio dos sonhos.

RESPOSTA A UMA CARTA

A pessoa a quem você escreve, evidentemente nunca irá ler sua carta, nem, na verdade, responder-lhe com outra. Contudo, as técnicas de comunicação interior permitem que você configure uma resposta para a correspondência que elaborou do fundo do coração, usando a imaginação e abrindo-se para realidades que haviam sido suprimidas.

Vamos ver o exemplo de uma carta para um ente querido e da resposta que emergiu na imaginação de quem a escreveu. Como muitas mulheres, Ray tivera um relacionamento distante com o pai. Quando muito jovem, ela ansiara por sua aprovação e incentivo — de fato, por qualquer expressão externa de amor. Posteriormente, enquanto ficava hora após hora à cabeceira do pai, que estava morrendo no hospital, ela considerou preciosos os momento de intimidade. Afagava a cabeça dele, segurava sua mão; ambos choravam juntos e conversavam. Depois da morte do pai, Ray não apenas pranteou sua perda, mas também a perda de novas oportunidades de intimidade. Mais de um ano após a morte, Ray escreveu sobre a tristeza e desapontamento que sentia, numa comovedora carta ao pai:

Dirigindo para o hospital através das colinas verdes, contenho as lágrimas, dizendo a mim mesma que será mais fácil confrontar a morte na primavera, quando o mundo natural ao redor de mim canta um hino glorioso à vida. Comento comigo mesma que a primavera será suficiente para me amparar enquanto você prossegue, levado pela Grande Dança. "As ovelhas começaram a dar cria", menciono, tentando lhe proporcionar um pouco de alegria. Você segura minha mão com força, com a face mais cândida que eu jamais tinha visto e, suavemente, deixamos as lágrimas caírem, chorando juntos por todos os cordeiros que você nunca verá nos campos açoitados pelo vento, por todas as primaveras que virão e partirão sem você.

Quando penso em me aproximar de você agora, papai, meu coração dói. Meu ser inteiro se transforma em tristeza e pesar. Este quarto na Califórnia, distante meio mundo de qualquer lugar que você algum dia conheceu, parece estranhamente vazio. Fecho meus olhos e vejo você, frágil, vulnerável, despido de seu inflexível orgulho. Papai, se ao menos você pudesse ter sido delicado comigo, antes que a morte o olhasse de perto. Se pudéssemos ter chorado juntos, uma vez ou outra, por causa das coisas simples e tristes que acontecem na vida.

Neste momento, em que absolutamente nada restou para ser protegido ou escondido, podemos conversar? Agora que não há nada que você possa perder, poderíamos ser íntimos e verdadeiros? Papai, ainda estou esperando, como sempre esperei, que você me dê algo de você mesmo.

Lembro-me de como, durante o café da manhã (mamãe já atarefada com seu serviço), você ficava sentado do outro lado da mesa, olhando para fora, através da janela, por sobre minha cabeça, e comendo em silêncio. Papai, por que você nunca falava comigo? Por que eu era tão invisível, irrelevante, uma decepção para você?

Havia algum problema entre nós? Não consigo me lembrar. A maior parte de minhas lembranças se refere somente à dor. E à época em que o vi chorar. Quando Bess morreu no lodo, à beira do lago. Sei que você amava aquele pônei. Mas no dia em que liguei da faculdade e lhe pedi: "Por favor, por favor, leve-a para dentro neste inverno, papai. Ela está ficando velha demais para permanecer lá fora, no frio." Você respondeu: "Bobagem. Ela ficará bem." Por que era tão difícil para você admitir que os animais, as crianças, as pessoas precisam de amor?

Ao escrever a resposta de seu pai, Ray compreendeu as razões que ele tinha para ser negligente e causar tantas mágoas no relacionamento de ambos, o que nunca havia percebido antes. Em resposta à sua pergunta, "Por que era tão difícil para você admitir que... as pessoas precisam de amor?", seu pai consentiu nestas palavras comoventes: *"Porque"*, ela escreveu, como se fosse a voz dele, *"eu então teria de admitir que precisava de amor. E o que aconteceria se eu não fosse amado? E se ninguém me amasse? Aquilo teria sido muito difícil de suportar."* Ray imediatamente reagiu, fazendo-lhe uma nova pergunta e, com naturalidade, um animado diálogo ativo desenvolveu-se entre eles.

RAY: É por isso que você me dizia aquelas coisas cruéis sempre que estávamos sozinhos no carro? "Ninguém gosta de você", afirmava. Por que você dizia coisas que me magoavam tanto?

PAI: Porque você não era a filha que eu queria. Você era muito indisciplinada, emotiva e desprotegida diante do mundo. Eu não podia exibi-la aos outros. Você não tinha aquele verniz de refinamento. Era muito despreparada e vulnerável. Fez com que eu a odiasse.

RAY: Como?

PAI: Você não era suficientemente feliz.

RAY: É, lembro-me de que quando eu tinha cerca de sete anos, você me repreendia: "Qual é o problema com você? Por que não é radiante como as outras crianças?" Eu ficava horas sentada em meu quarto, estudando meu rosto diante do espelho, imaginando por que não tinha brilho. Papai, como poderia ser radiante para você? Eu não sabia como. Você não conseguia ver que minha luz interior não podia brilhar através da tristeza esmagadora, da vergonha de nunca estar à altura de suas expectativas, do sofrimento por alguma coisa que eu não era capaz de definir? Tudo o que eu podia fazer era me manter na linha, evitar os ataques, ser suficientemente invisível para crescer e sair de casa. Papai, algumas vezes me pergunto se você pode me ver agora, libertando-me desse terrível legado, transformando-me na pessoa que jamais ousei sonhar ser.

Relendo a resposta do pai alguns meses depois, ficou ainda mais claro para Ray que ele a havia rejeitado porque não conseguia tolerar suas próprias necessidades emocionais. Por toda a vida, ele tentara fingir que as pessoas normais não precisam de amor; a despeito disso, tornou-se vulnerável, emotivo e sensível quando estava morrendo. Ray o descreveu nesse estado como "bonito, tristemente desajeitado, e tragicamente parecido com a criança que ele achou tão difícil amar".

Vivos no Coração

A correspondência de Ray com o pai pôs abaixo os obstáculos que prejudicavam o relacionamento de ambos. Ao lhe fazer perguntas constrangedoras e dolorosas, ela estimulou respostas honestas e cheias de reflexão da parte dele. Depois de terminar esse diálogo inicial, Ray sentiu crescerem nela compaixão e compreensão pelo pai. Sua última dúvida: "Papai, algumas vezes me pergunto se você pode me ver agora, libertando-me desse terrível legado, transformando-me na pessoa que jamais ousei sonhar ser", foi a chave para o encerramento desse primeiro diálogo, porém abriu caminho para novos tópicos, que seriam abordados no diálogo seguinte. Aparentemente, nessas circunstâncias, Ray sentia-se preparada para deixar que o pai viesse a conhecer a mulher em que se transformara.

Para você escrever sua própria resposta, primeiro certifique-se de que realmente expressou suas preocupações na carta inicial. Depois, num papel separado e numa nova sessão em seu santuário, componha uma resposta na voz daquele que foi o destinatário de sua carta. Isso pode tomar a forma de uma breve resposta, uma carta ou um diálogo, cuja técnica é explicada no capítulo que se segue. Se escrever uma carta, enderece-a a você mesmo e comece a escrever sem julgá-la ou corrigi-la. Para libertar a imaginação ou aumentar a empatia, feche os olhos e visualize o rosto da pessoa, enquanto diz seu próprio nome, em pensamento ou em voz alta, como a pessoa o faria. Você poderá ainda concentrar-se numa frase em particular que lhe agrada ou olhar com atenção para uma fotografia dessa pessoa. Tudo isso o ajudará a fazer com que a pessoa se torne acessível a você quando começar a escrever. Após alguns parágrafos, você irá descobrir, como ocorreu em outros casos antes, que as palavras passarão a fluir e a carta expressará mais os pensamentos e sentimentos dos membros da sua família do que os seus próprios. A capacidade que sua imaginação tem de levá-lo simultaneamente ao seu íntimo e ao íntimo de outras pessoas poderá lhe parecer desconcertante e irritante, mas também significará libertação. Quando terminar a carta, releia o que escreveu, procurando manter-se receptivo ao seu conteúdo.

Capítulo 5

Diálogos: deixe-se levar para onde eles o conduzirem

A elaboração de um diálogo com seu ente querido poderá levá-lo a aprofundar-se em seu próprio mundo interior, conduzindo-o a situações inesperadas e desconhecidas, uma vez que você inicie a comunicação com uma carta, ou cartas, e uma resposta. Essa técnica é especialmente eficaz quando a correspondência inicial tiver apresentado questões que você, particularmente, quer investigar.

Comece o diálogo com a identificação do problema que o preocupa, com toda a sensibilidade que puder demonstrar, expressando, depois, seus sentimentos sobre o mesmo — tudo isso registrado no papel e abaixo de seu nome. Depois, escreva o nome da outra pessoa e abra sua imaginação às palavras que ele ou ela usariam para responder-lhe. Se não houver reação, você poderá fazer perguntas que ajudarão o diálogo a se iniciar. Deixe-o se desenvolver espontaneamente; não interfira ou tente controlá-lo. Esteja pronto para o imprevisível e para novas informações e maneiras de se relacionar.

VIVOS NO CORAÇÃO

111

Relembre coisas que seu ente querido lhe transmitiu ou atividades que ambos compartilharam, para invocar a presença da outra pessoa. Por exemplo, Caron sente que a avó está presente todas as vezes em que ela prepara tortas, pois esta lhe ensinou a fazê-las quando Caron era criança. Ao assistir à cerimônia de ordenação de minha sobrinha como diaconisa da Igreja Episcopal, eu recitava o Credo de Nicéia com os demais membros da congregação, quando ouvi claramente a voz de meu pai ao meu lado. Ele estava fazendo a oração comigo, usando o mesmo tom firme e tranqüilizador que lhe era habitual quando freqüentávamos a igreja juntos, durante minha infância. A sensação da presença de seu ser amado o ajudará a abrir-se ao diálogo, em voz alta ou em silêncio.

Como normalmente ocorre com a comunicação interior, o tempo decorrido desde a morte do ente querido tem pouca influência sobre a eficácia do método. Quase dez anos após a morte do pai, William, Sophie compôs um diálogo entre ambos. Nos últimos anos da vida dele, uma série de pequenos derrames havia restringido severamente os movimentos de William e prejudicado sua visão. A mãe de Sophie, Karen, havia cuidado dele com devoção por três anos, no apartamento deles, mas finalmente fora vencida pela exaustão. Sophie convenceu a mãe a colocá-lo numa casa de repouso, onde William faleceu dez dias depois. Na noite anterior à morte dele, a filha o visitou e, ainda que William parecesse estar em coma, Sophie conversou com o pai. Num arroubo emocional ela lhe disse: "Eu o amo." Quando uma enfermeira telefonou para Sophie no dia seguinte, para lhe dar a notícia da morte, esta sentiu-se entorpecida, embora aliviada pelo fato de William não estar mais sofrendo. Depois dos preparativos para a cremação, ela estoicamente prosseguiu com sua vida. Somente anos mais tarde, compreendeu que ainda o retinha em seu coração e em sua mente, citando-o para os amigos, e considerando como tesouros os livros que ele amava. Em sua sala de estar há uma estante de cerejeira, com portas de vidro, onde estão guardados os livros favoritos do pai. Algumas vezes, Sophie imagina que o espírito de William vive por trás dos livros, já deteriorados, nessa estante. Ela escreveu: "Hoje, seu espírito está mais vivo para mim do que naqueles últimos meses de vida. Por isso, é com receio e esperança que tento travar uma conversa com papai." Olhando para uma velha fotografia de William, ela iniciou o diálogo com uma pergunta. Imediatamente, recebeu a resposta e, daquele momento em diante, foi como se o diálogo estivesse se desenrolando por si mesmo.

SOPHIE: Papai, você está aqui comigo? Tenho uma velha fotografia tirada após a minha formatura. Seu belo rosto está radiante e sua grande estatura se destaca.

PAI: Pequena Doe, minha filhinha Doe.

SOPHIE: Você *está* aqui! Senti que isso aconteceria. Tenho percebido sua presença ultimamente. Podemos conversar, quero dizer, *realmente* conversar? Algumas vezes sinto que você se esconde sob sua capacidade de argumentação. Ela me faz falta, mas prefiro que falemos honestamente. Apenas fale comigo e seja você mesmo. Quero que saiba que eu o amo.

PAI: Eu também a amo. Creio que eu nunca disse isso com tantas palavras. Palavras: que luta vazia, desarticulada, essa confusão verbal!

SOPHIE: Podemos voltar para mais de nove anos atrás, quando você vivia seus últimos dias?

PAI: Por quê? Eu estava sofrendo muito; uma época de tortura. Você raramente me visitava. "Mais afiada que o dente de uma serpente é a ingratidão de um filho" [uma citação de *Rei Lear*].

SOPHIE: Sim, eu estava com medo e sob pressão. Sentia-me indefesa.

PAI: Bem, são águas passadas. Fui libertado daquele corpo, daquele vale de lágrimas e sofrimento...

SOPHIE: Não podemos mudar o passado. Imagino que agora devo me concentrar em minha vida. Porém, eu gostaria que você e eu nos falássemos regularmente. Podemos continuar este diálogo?

PAI: Certamente. Tenho todo o tempo do mundo. Mas você! Siga em frente, filha!

SOPHIE: Preciso lhe perguntar: há algo que tenha vontade de me dizer, algo que não pôde dizer enquanto estava vivo?

PAI: Pequena Doe, eu a amo. Eu a amava naquela época e ainda a amo. Apesar dos maus tempos e da bebida. Gostaria de ter sido mais direto e de ter expressado e demonstrado meu amor no passado.

SOPHIE: Alguma vez compartilhei *meus* sentimentos com você? Ambos parecíamos usar nossa habilidade para ocultar o que sentíamos. Não quero me esconder mais. Simplesmente, digo a você que o amo e sinto saudade, e creio que você continua a viver em minhas lembranças. Preciso de tempo para admitir esses sentimentos. Começando agora mesmo...

PAI: Apenas não fique obcecada; caso contrário, seu próximo passo será praticar escrita automática e participar de sessões espíritas — veja se é possível! Lembre-se de mim, mas viva sua vida! Busque a alegria, não a tragédia. Conserve os canais abertos; entraremos em contato novamente no futuro.

SOPHIE: Querido papai. Obrigada por suas dádivas. Até o próximo contato...

Nesse diálogo, o estilo singular de comunicação do pai transparece claramente. Sophie não havia esperado por isso, nem se mantivera na expectativa de que o diálogo fluísse com tanta facilidade. Ela estava muito contente com o fato de ter finalmente rompido as barreiras e conseguido um nível tão profundo e honesto de relação com o pai. Havia demonstrado seu amor por ele, e a expressão direta do carinho de William por ela a comovera profundamente.

A cura que Sophie experimentou ao escrever essas palavras irradiou-se também para o relacionamento com a mãe. Karen lhe telefonou pouco depois, pedindo-lhe que lhe concedesse algum tempo para falar sobre a morte, um assunto que Karen procurara evitar. Esse progresso surpreendeu e encantou Sophie, porém fazia parte, realmente, de um processo mais amplo. Como discutirei na parte III deste livro, fazer com que a luz da imaginação incida sobre uma questão familiar reprimida, durante um diálogo com uma pessoa que já faleceu, com freqüência afasta barreiras que se interpõem na comunicação com membros da família ainda vivos.

No aniversário de sua falecida avó, Stephanie escreveu um diálogo, por ser com ela que tinha maior intimidade entre seus avós. Quando a avó lhe disse, em seus últimos anos, que tivera uma vida longa e estava preparada para morrer, Stephanie brincou, dizendo que a avó tinha de vê-la casada antes de partir. A avó faleceu poucos meses após Stephanie ter ficado noiva. Posteriormente, ela se mudou para a casa da avó e, quatro anos depois da morte desta, quando ainda morava ali, Stephanie compôs o seguinte diálogo:

STEPHANIE: Vovó, há algo que há muito tempo eu gostaria de saber. Você foi feliz? Quando eu era pequena, sua vida sempre me parecia tão comum.

AVÓ: Foram as coisas simples da vida que me deram as maiores alegrias: as flores no jardim, uma casa limpa. Apreciei a rotina diária de minha vida.

STEPHANIE: Mas você não queria mais?

AVÓ: Na época em que me conheceu, Steph, eu já tinha passado da meia-idade. Não se esqueça de que, quando era mais jovem, eu trabalhei e lecionei numa escola com uma única sala de aulas. Viajei um pouco. Tinha me casado e criado dois filhos, e já havia perdido meu marido. Também tinha presenciado muitas mudanças no mundo, em nome do progresso. Sim, num certo sentido, eu queria mais, porém, depois chegou o momento de perceber tudo o que tinha recebido e de ficar satisfeita com aquilo. Fui muito privilegiada por ter vivido tão próxima de meus irmãos e irmãs, e por ter tido um filho e uma filha e, depois, netos. Essa foi minha vida. Stephanie, desejo o mesmo para você. Às vezes, você me preocupa. Não deixe que seu espírito de rebeldia a deixe cega para os prazeres simples à sua volta. A vida já está aqui; não fuja dela. Ouça o ela tem para lhe dizer e viva.

STEPHANIE: Tenho saudade de você, vovó. Sinto falta de suas histórias. Você era a ligação com o meu passado, com as minhas raízes. Lamento não tê-la ouvido com mais atenção, e anotado o que você dizia.

AVÓ: Todos temos nossos arrependimentos. Aquilo de que você precisa está em seu coração. Você conhece os pontos básicos. Provavelmente, eu tinha histórias demais para contar! Você tem uma noção da sua genealogia, alguma coisa que a ligue ao passado? Isso é o mais importante. Lembre-se de que você, suas irmãs, seu irmão e primos constituem a folhagem viva — as folhas da árvore genealógica hoje. Algum dia, você também cairá por terra, deixando espaço para a geração seguinte. Enquanto isso, tome a vida que fluiu através dessa árvore para você e a torne sua. Eu já me orgulho de você e sei que se continuar presente e atenta, boas coisas advirão.

STEPHANIE: Vovó, sinto como se eu não fosse realmente capaz de expressar minhas idéias. Isso não é o que eu esperava que acontecesse, embora, na verdade, não soubesse *o que* esperar.

AVÓ: Nem eu tive a oportunidade de me despedir de você. Estas são algumas das coisas que eu teria gostado de lhe dizer, mas provavelmente, você não estava preparada para ouvi-las.

STEPHANIE: Isso significa que você está me deixando? Talvez eu não devesse ter feito o que fiz. Você tinha uma mensagem para mim o tempo todo. É muito mais forte do que pensei que fosse.

Avó: Steph, não sou a mesma pessoa, obviamente, aquela de quem você se lembra. O que eu lhe disse é importante. Eu precisava contar-lhe essas coisas. Temos uma ligação, você e eu, que não pode ser rompida; contudo, sim, meu propósito termina aqui. Estive esperando e sabia que você voltaria para me ouvir.

Stephanie: [Não sinto mais a presença dela na casa, como ocorria desde que me mudei para cá. Ela partiu.] Vovó, não vá! [começo a chorar.]

A princípio, Stephanie entrou em pânico por não mais perceber a presença da avó; ela não tinha intenção de romper os laços que as uniam. Além disso, o diálogo havia gerado respostas muito diferentes daquelas que Stephanie esperara. Entretanto, ela se sentiu reconfortada pelo fato de sua avó, tendo lhe transmitido a mensagem, estar finalmente livre para prosseguir em sua evolução. Ao deixá-la ir, Stephanie percebeu sua própria liberdade, uma liberdade que era ao mesmo tempo excitante e assustadora. Compreendeu que agora dependia dela viver plenamente, assimilando a força da vida que fluía através da estrutura familiar que sua avó havia descrito.

Outras Opções: Diálogos em Voz Alta e Diálogos Silenciosos

Aquilo que lhe parecer mais natural será o modo mais eficaz de você produzir um diálogo. Por exemplo, olhe a fotografia de um ente querido ou simplesmente feche os olhos. Algumas pessoas sentem-se melhor ao falar consigo mesmas em voz alta ou silenciosamente, em vez de escrever um diálogo. Da mesma forma que ao escrever, simplesmente comece a falar, tão honestamente quanto possível. Não revise o que estiver dizendo, apenas expresse sua verdade sobre o relacionamento. É importante fazer pausas e ficar atento; você poderá "ouvir" uma resposta interiormente.

Marina, uma mulher de 82 anos, escreveu-me depois de uma entrevista que dei pelo rádio, na qual eu falava sobre usar a imaginação para entrar em contato com o pai ou a mãe que vivem no íntimo da pessoa. Ela quis partilhar comigo o dramático início da caminhada rumo ao contato com o pai, que ela conseguiu por meio de uma conversa imaginária. Marina iniciou o processo fechando os olhos e falando silenciosamente. Não demorou para que ouvisse a resposta do pai. Dessa forma, por intermédio de uma série de diálogos, ela começou a chorar e a recuperar-se da perda de seu pai; ele saíra de casa quando ela era pequena e morrera anos depois, sem lhe dar oportunidade para reconciliar-se. A ausência dele afetara profundamente sua vida, pois fora deixada sozinha com a mãe, uma pessoa amarga e rígida. Com o passar dos anos, após a morte do pai, Marina foi se tornando uma criança quieta e passiva, transformando-se, finalmente, numa mulher insegura e tímida.

Quando Marina começou a falar silenciosamente com o pai, ficou chocada por encontrá-lo tão acessível, após uma separação tão longa, como a que tinham tido. A cada novo diálogo ela sentia-se mais próxima dele. Depois de algumas semanas, percebeu uma drástica mudança na sua própria consciência. Não sentia mais medo da vida; estava confiante e inspirada a assumir riscos e a ligar-se a outras pessoas. A partir de então, Marina pôde iniciar vários projetos criativos: escrever histórias era um desses projetos. Num período relativamente curto, ela descobriu que grande parte de sua força vital e criatividade tinham ficado bloqueadas pela sua dor não-resolvida. Como sua experiência demonstra enfaticamente, nunca é tarde demais para restabelecer o relacionamento com uma pessoa querida que já faleceu, nem para despertar de forma mais plena para a vida.

A princípio, Kira Silverbird não se sentia preparada para conversar sozinha com o pai. Teve receio de que ele pudesse bater nela, como era seu costume enquanto estava vivo. O primeiro diálogo de Kira com o pai se desenrolou durante uma sessão de psicoterapia. À medida que o terapeuta contribuía para o diálogo, fazendo perguntas e apoiando a paciente, Kira falou em voz alta com o pai e, a seguir, expressou o que seriam as respostas dele. Quando esta lhe disse: "Odeio o que você me fez", o terapeuta interpôs: "Você pode lhe dizer o que ele fez?"

> KIRA: Detesto o fato de você nunca ter me apoiado. A maneira como era absolutamente inacessível. Odeio terem sido a violência e o medo meus únicos meios de contato com você. Odeio o modo como tive de me fechar em mim mesma, devido ao medo que tinha de você. Estou contente por você estar morto. Estou contente por você não poder mais me bater. Penso repetidas vezes que não preciso mais temê-lo, mas ainda tenho medo.

Kira, então, enunciou o que seria a resposta do pai: "Não quero que você tenha mais medo de mim." À medida que o diálogo prosseguia, Kira sentia-se, algumas vezes, dominada pela intensidade de sua ira e pelas respostas tão pouco características do pai. Num dado momento, ela disse ao psicoterapeuta: "Sinto-me realmente perdida agora. Não sei para onde ir." Ele a ajudou a investigar o que estava sentindo com relação ao pai e a encorajou a revelar tudo aquilo que a perturbava. No final do primeiro diálogo, Kira já estava consciente de sua raiva o suficiente para que as coisas mudassem com relação ao pai. Durante todo o diálogo, ele ouvira diligentemente o que ela dizia e havia respondido honesta e respeitosamente. Ficou claro para Kira que o pai não era mais o homem que ela havia conhecido na infância. Querendo mais informações sobre ele, ela afirmou ao terapeuta: "Creio que vamos nos tornar amigos." Uma semana depois, sentiu-se preparada para dialogar com o pai sozinha. Falou-lhe em voz alta, gravando a conversa entre ambos. Depois transcreveu o que havia se passado.

KIRA: Papai, gostaria de falar com você. Você virá se sentar ao meu lado? Sente-se neste lado da cama. Olá. [Ele está encostado à parede com as pernas esticadas sobre a cama, perto de mim.] Sinto tanta falta de você. [Chorando] Penso muito em você, papai. É tão estranho... você está bem aí, não está? Vai conversar comigo? Quero ouvi-lo. Quero estar a seu lado. Fale comigo.

PAI: Neste momento, eu só quero ouvir.

KIRA: Tenho algumas coisas para lhe dizer, coisas que nunca pude dizer antes. Sinto-me triste por ter sentido raiva esse tempo todo, porque estou aprendendo a observar o que se esconde sob o ressentimento; lamento também não ter podido fazer o mesmo com relação a você.

PAI: Mas você está fazendo isso agora.

KIRA: Sim... Quero muito que me ouça. Quero que me ouça dizer que o amo muito. [Chorando] Estive muito brava durante todos esse anos; tudo que pude lhe contar era como sentia ódio de você. Porém, o que realmente queria dizer era que ansiava estar próxima de você. Quando criança, eu queria que você me abraçasse. Queria que se sentasse perto de mim, me abraçasse e afagasse meus cabelos, me falasse a respeito da vida e me ajudasse a sentir segurança neste mundo. Desejava sentar-me em seu colo e sentir suas mãos, grandes e sólidas, em volta de mim, ajudando-me a me sentir segura. Queria que me apertasse. Doía-me tanto quando você me empurrava para longe e me assustava com sua ira e violência. [Chorando] Isso era tudo o que eu queria. Não queria mudá-lo. Nem ameaçá-lo, magoá-lo ou competir com você, nem vencer qualquer batalha. Queria somente me aproximar de você.

PAI: Podemos estar próximos agora.

KIRA: Sim, quero tanto que isso aconteça. Papai, abrace-me por um instante.

PAI: Estou bem aqui.

KIRA: Apenas me abrace. Esteja a meu lado. [*Para mim mesma*: vou sentir e abrir-me a isso.] Posso senti-lo, papai. Quase percebo seu perfume. Posso sentir suas mãos. Ajude-me a me recuperar, papai. Ajude-me a sentir aquilo que me magoa, de forma que eu não viva sempre mergulhada na dor. Apenas segure minhas mãos e ajude-me a sentir sua presença. Você está mesmo aí? Sim, sinto que está. Quero vê-lo mais próximo. Por favor, aproxime-se. Assim está melhor. Deixe-me senti-lo, papai. [Chorando] Sinto tanta falta de você.

PAI: Eu não fui a lugar nenhum.

KIRA: O que quer dizer com não ter ido a lugar nenhum?

PAI: Posso vê-la agora mesmo. Você está bonita.

KIRA: [Chorando] Papai, muitas vezes esperei que você me dissesse isso. Queria que declarasse que me amava e que se orgulhava de mim. Esperava que me dissesse que tinha respeito por mim.

PAI: Minha atitude era de defesa.

KIRA: É. Eu ansiava por essa pessoa que se escondia sob todas essas defesas... a pessoa que escreveu as cartas de amor para mamãe. Queria ver essa pessoa.

PAI: Eu não conseguia fazer isso.

KIRA: Por que não? Qual era a barreira?

PAI: Fui muito magoado.

KIRA: Diga-me, papai, o que o magoa. Diga-me o que lhe traz mágoa.

PAI: Eu também queria ser abraçado. Precisava estar seguro em algum lugar. Nunca tive segurança. Não sabia nada sobre isso. [Chorando] Não sabia que era possível transmitir segurança a alguém.

KIRA: Papai, deixe-me abraçar *você*. Eu alisarei *seu* cabelo. E você poderá chorar um pouco. Quero lhe proporcionar isso. Quero devolver-lhe o carinho que me deu. Mamãe me ensinou a fazê-lo. Ela me ensinou como me sentir segura. Por essa razão, posso lhe transmitir isso agora. Sim... não há nada de errado em chorar. Não há nada de errado em expor toda a sua dor. Estou aqui com você. Ponha seus braços em volta de mim. Obrigada. Você está comigo também... Posso senti-lo. Eu o amo, papai. Eu o amo muito. Só quero descansar aqui perto de você por algum tempo. Eu o amo, papai. Espero que possa senti-lo sempre assim.

Pai: Estarei sempre com você quando precisar de mim.

Kira: É estranho ter tanta saudade de você e, ao mesmo tempo, senti-lo tão presente aqui. Vou me despedir agora. Conversaremos outra vez em breve. Eu o amo.

Ao usar as técnicas de comunicação interior, você poderá falar em voz alta ou silenciosamente com aqueles que já morreram, ligando-se, dessa forma, a eles por meio da imaginação. Algumas pessoas acham que falar as deixa mais à vontade, não as constrangendo; provavelmente, acharão essa opção mais natural para que seus diálogos fluam. Se depois você quiser rever o conteúdo das comunicações, poderá gravá-las, transcrevendo-as em seguida.

Diálogos Espontâneos

Algumas vezes, a oportunidade de estabelecer contato por meio da imaginação se apresenta inesperadamente. Uma amiga minha foi despertada abruptamente do sono pelas palavras: "Bom dia, Lois." Chocada, ela não podia acreditar no que tinha ouvido, pois Lois percebeu, sem dúvida, que se tratava da voz de seu pai. Com um súbito estremecimento, Lois compreendeu que aquela manhã marcava o primeiro aniversário da morte do pai. Embora nunca mais tivesse ouvido sua voz após essa surpreendente experiência inicial, Lois começou a conversar regularmente com o pai, receando perder essa inestimável oportunidade de se comunicar com ele, caso mostrasse alguma hesitação. Lois transmitiu ao pai o quanto o amava e sentia a falta dele. Ela o colocou a par do que havia ocorrido em sua vida desde a morte dele e assegurou-lhe que sua mãe estava bem e que brevemente iria juntar-se a ele. Quando terminou o diálogo, sentiu uma profunda sensação de paz.

Uma cliente compartilhou comigo outra história de um diálogo inesperado, mas cheio de significado, com uma pessoa falecida. Janet sentiu-se atraída ao local do túmulo do marido no primeiro aniversário da morte dele. Quando ali chegou, permaneceu em silêncio, refletindo sobre sua perda; uma conversa com o marido aflorou à sua imaginação — para sua grande surpresa. Ela falou com James em voz alta e ouviu suas respostas mentalmente, com bastante clareza. Ambos falaram sobre o casamento da filha Claire, que estava próximo, e ao qual James havia se oposto veementemente enquanto vivia. O pai de Claire queria agora oferecer-lhe suas bênçãos.

Janet sentiu-se muito abalada com essa experiência; nada parecido com aquilo tinha lhe acontecido antes. Embora não pudesse explicar racionalmente esse contato, estava convencida de que havia sido de fato James quem falara com ela. No dia seguinte, enviou uma nota a Claire, descrevendo-lhe a experiência no cemitério. Junto com o bilhete, colocou um cheque, para ajudá-la a cobrir as despesas do casamento, o qual ambos, ela e James, agora apoiavam totalmente. Claire ficou profundamente comovida por ter recebido a aprovação do pai, o que antes lhe parecia impossível.

Assim como Janet descobrira que a visita à sepultura do marido havia inspirado um diálogo com ele, Paige percebeu que, ao se sentar na cama de sua falecida mãe, sentia-se instigada a conversar com a mesma, como se isso fosse a coisa mais natural do mundo. Sua mãe e sua tia, seus últimos parentes vivos, haviam falecido num acidente de carro, uma perda que às vezes parecia insuportável para Paige. Como ela descreve na carta que me enviou onze meses após o acidente, suas conversas com a mãe a reconfortavam tanto que encontrou espaço para rir em meio à dor.

Nos primeiros meses depois do falecimento de minha mãe e de tia Peggy, eu costumava ir à casa que servira de lar para ambas. Tinha que tirar as coisas que estavam lá dentro... mas o mais importante é que aquele lar era meu santuário.

Sentando-me na beirada da cama de minha mãe, eu lhe falei, chorei e lhe pedi ajuda. Concentrada em meus pensamentos, comecei a me sentir em paz. Ocupei-me com as tarefas necessárias, encontrando conforto nas coisas que tanto ela havia amado. Minha própria realidade era sempre retomada às três horas da tarde, quando meus filhos voltavam da escola e precisavam de mim; eles também estavam tentando superar a dor de perder a avó e a tia.

Enquanto lutava para me desligar da casa na qual eu havia crescido, para me libertar dos laços físicos entre mãe e filha, do horror da tragédia e da dor da perda, eu nunca parara de falar com minha mãe, mentalmente, quando me deixava resvalar para um outro mundo, ou em voz alta, quando me sentava na cama dela.

Senti a presença de minha mãe nos últimos meses, embora não pudesse tocá-la ou pedir-lhe que colocasse os braços em volta de mim e me dissesse que tudo ficaria bem.

Percebi que a sabedoria dela me guiava no momento das decisões difíceis que ainda precisavam ser tomadas. Descobri também sua essência, seu amor pelo riso e uma forma de encarar a vida na qual o sorriso e a alegria podem surgir em meio à tragédia, assim como em momentos de triunfo. Eu podia ouvir a voz dela e sua maneira de falar, que me encorajavam a sorrir, a despeito de minhas lágrimas. Seu dedo indicador apontava para mim, enquanto me dizia: "Venda a danada da casa... nunca gostei dela." Ríamos juntas, e conversávamos em meus sonhos.

Descobri que minha mãe sempre será minha mãe, em vida ou após a morte... não pelas lembranças de nosso convívio na Terra, mas pela abertura da janela de minha mente ao mundo espiritual. Ouço uma frase, apenas uma parte dela, que minha mãe costumava me dizer: "Existe muito mais entre o céu e a terra..." Creio que deveria ter prestado mais atenção quando era criança. Ela está movendo o dedo novamente em minha direção. Em meio às minhas lágrimas, sorrio.

Atividades que eram compartilhadas no passado podem subitamente dar lugar a um diálogo inesperado. Judy havia frisado os cabelos da mãe todas as semanas durante anos e não confiava que os funcionários da agência funerária pudessem fazer isso da maneira que ela gostava. Segurando um aparelho de ondular os cabelos, um pente e *bobs*, ela aproximou-se do corpo da mãe que se encontrava sobre uma mesa de aço na casa funerária. Os cabelos estavam "lisos e ásperos como uma velha vassoura de palha"; Judy percebeu que tinha uma dura tarefa diante de si. Começou a pentear os cabelos da mãe. "Depois que ele [o agente funerário] saiu, comecei a falar com mamãe. Afinal, sempre conversávamos enquanto eu arrumava seu cabelo. Não vi nada de errado naquilo. Eu lhe disse que seu cabelo estava em grande desordem e que ela morreria se pudesse vê-lo. Então, comecei a rir... Eu me ocupava do cabelo e falava ao mesmo tempo. Algumas vezes, me preocupava com a possibilidade de o funcionário da funerária me flagrar conversando com o corpo de uma pessoa falecida. Após alguns momentos, no entanto, havia apenas eu e mamãe. Houve ocasiões em que tive a certeza de ouvir sua voz. O tempo passou rapidamente. Tudo continuava exatamente como antes" (Ashley, pp. 29-30).

Essas histórias indicam como é importante deixar de lado dúvidas e hesitações quando a oportunidade de um diálogo se apresenta de forma inesperada. Lois, Janet e Paige sentiram-se gratas por se mostrar dispostas a participar, sem aviso, de conversas com seus entes queridos. Aqueles contatos as chocaram, mas também as inspiraram. Judy sentiu que era natural e tranqüilizador conversar com a mãe morta enquanto cuidava dos cabelos dela; sua única preocupação era a reação do agente funerário, se este descobrisse o que ela estava fazendo.

Nunca se pode saber de antemão quando a oportunidade de um diálogo irá surgir — ao acordar, ao se realizar uma tarefa que um dia foi compartilhada com a pessoa que faleceu, ao se visitar o cemitério. Mesmo que você possa ser apanhado de surpresa ou sentir-se constrangido, aproveite essa preciosa oportunidade de contato.

O Início de um Livro de Memórias

Ken Kramer, um professor de religião da San Jose State University, criou um livro em homenagem ao seu pai, Roy. Levando sempre consigo um caderno de anotações, Ken começou a escrever quando o pai estava perto da morte no hospital. Enquanto este dormia, Ken lhe escrevia poemas, ao refletir sobre o relacionamento de ambos, sua gratidão e seus arrependimentos. Logo após a morte e o serviço religioso de Roy, Ken reuniu e mandou fazer uma cópia desses poemas, juntamente com fotografias e cartazes mostrando rifles e máquinas. Na capa de papel verde, ele colou uma fotografia de Roy sorrindo. Acima da mesma, Ken colocou as palavras "Velha Antiguidade", uma expressão que um amigo íntimo de Roy costumava usar para descrevê-lo.

Ken acredita firmemente que esse álbum o ajudou a prantear o pai e a se recuperar. No momento em que o terminou e mandou cópias para amigos e parentes, sentiu-se mais próximo do pai do que jamais estivera em vida. Na verdade, Ken tinha tido um relacionamento muito distante com o pai; ambos haviam compartilhado poucos interesses e encontrado raros motivos de conversa. Para alegria de Ken, a morte lhe proporcionou um novo e íntimo contato com o pai, como fica demonstrado no diálogo entre pai e filho, que aparece no final do álbum.

F: Papai...

P: O que é, Kenneth? [a maneira exata pela qual ele teria se expressado; ouço como se ele estivesse falando!]

F: Eu o amo, papai, muito mais agora que você não está aqui. Você deve sentir isso, não?

P: É mais fácil agora.

F: Agora? Onde você está?

P: Não sei, mas acho que posso saber.

F: Posso visualizá-lo ainda muito só, papai, mesmo que haja outras pessoas à sua volta, algumas das quais você pode reconhecer.

P: [risos]

F: Papai, estou juntando material para um Álbum dos Mortos, com o qual quero homenageá-lo (como os álbuns de aniversário que fiz para as meninas). Lembra-se deles?

P: Sim...

F: Há alguma coisa especial que você queira que eu inclua nele, algo que o deixará particularmente orgulhoso?

P: [Pausa] Kenneth, você sabe aquele velho [pausa], você sabe! Está na garagem. O que acha daquilo?

Instigado por aquele diálogo, Ken foi à garagem, onde encontrou um pequeno livro de recortes guardado dentro de um maior. Ele nunca tinha visto aquele álbum antes; estava coberto de recortes de notícias sobre a morte. Como professor na universidade de um curso cujo tema era a morte e o processo de morrer, Ken compreendeu que havia herdado a fascinação de seu pai pela morte. Ele nunca havia imaginado que aquele interesse estaria de alguma forma ligado ao pai. Depois disso, continuou o diálogo.

F: Papai, isso é maravilhoso. Seu livro de recortes. Ele é um tesouro. Agora percebo de onde se originaram meu caderno de anotações e meu diário. Neste momento, descubro um lado seu que nunca, nunca conheci — sua preocupação com a morte.

Depois de escrever esse trecho de seu trabalho, Ken teve um sonho significativo. Estava tomando o café da manhã, quando o pai entrou na sala e sentou-se em seu colo. Em seguida, Roy se levantou, andou até o outro lado da cadeira, e sentou-se novamente no colo do filho. Dessa vez, olhou bem fundo nos olhos de Ken e o beijou nos lábios. Ken ficou profundamente comovido com a expressão de amor tão pouco característica do pai. O sonho confirmou para Ken que, desde a morte de Roy, mudanças marcantes haviam de fato ocorrido no relacionamento entre ambos. Semanas após a morte do pai, Ken me contou que o diálogo iniciado através do álbum prossegue em sua vida diária. Quando vê uma fotografia do pai, Ken em geral começa a conversar espontaneamente com ele. Durante nossos encontros para um chá, várias vezes Ken falou amorosamente com o pai: "Você me ensinou isso, papai!", "Está ouvindo isso, papai?"

Organize seu próprio livro de memórias, usando as técnicas de comunicação interior. Escreva cartas, poemas e diálogos para seu ente querido. Se perceber uma resposta vinda dessa pessoa, anote-a também. Convide outros membros da família a contribuírem. Você poderá incluir fotografias, velhas cartas e citações do serviço religioso ou do enterro. Faça uma dedicatória e dê um título ao seu álbum; elabore uma capa. Depois mande fazer algumas cópias dele. Se quiser partilhar seu álbum, mande cópias para amigos e familiares.

Ao usar a imaginação para desenvolver diálogos com um ente querido que faleceu, você irá revitalizar e enriquecer o relacionamento interior de ambos. Esses diálogos promovem conversas íntimas, que alegram a alma — conversas que traduzem seus próprios pensamentos e sentimentos interiores mais profundos — e os da outra pessoa também.

Capítulo 6

O contato por meio da imaginação

O ato de escrever e conversar com um ser amado que faleceu poderá já lhe ter trazido imagens dessa pessoa. No presente capítulo, eu lhe darei orientação de como se concentrar em sua imaginação e usar essas imagens para ligar-se com a presença interior dessa pessoa falecida. À medida que for se aprofundando nessa prática, você terá mais chance de ver, ouvir e tocar seu ente querido. Muitos clientes têm afirmado: "Senti que estava realmente com ele. Sua imagem era tão nítida que eu podia estender a mão e tocá-lo!"

A criação de imagens, que se constitui numa linguagem primordial, talvez seja o modo como primeiro percebemos o mundo. Embora possamos não estar conscientes disso, pensamos por meio de imagens o tempo todo. Quando cultivada, a imaginação é um poderoso instrumento de cura. Gosto de considerar imagens como presenças vivas e não como representações mentais. Ao imergirmos nas imagens, o que fazemos quando sonhamos, estas nos surpreendem, assustam e fascinam. Elas se apoderam de nosso coração, prendem nossa atenção e, algumas vezes, deixam-nos até mesmo atônitos. É só ao acordarmos de um sonho e o repassarmos mentalmente que suas imagens tornam-se mais como fotografias ou cenas de um filme. As sugestões e exercícios seguintes irão ajudá-lo a delimitar uma dimensão imaginária na qual você poderá mergulhar.

Entre no espaço reservado para seu santuário e passe algum tempo procurando acomodar-se confortavelmente e aquietar a mente. Depois, feche os olhos e prepare-se, focalizando uma única imagem: uma flor, uma pedra, uma árvore ou fruta. Toque-a, sinta seu aroma, experimente-a, examine-a de perto. Quando sentir que já ativou satisfatoriamente seus sentidos usando a imaginação, comece a fazer os exercícios descritos no presente capítulo. Identifique quem você quer encontrar. Não faz diferença se essa pessoa faleceu recentemente ou há muitos anos. Sugiro três locais de encontro para ajudá-lo: um campo, o centro de uma rosa ou o interior de uma estrela. Esses cenários o remeterão para o encontro imaginário. Posteriormente, você poderá fazer novas experiências, criando outros lugares com os quais irá trabalhar.

A imagem de um campo, de uma estrela ou de uma rosa serve como uma porta de acesso, a qual você terá de atravessar. Estará entrando num outro mundo, o qual se comunica com você por meio de imagens. Prepare-se em silêncio para aquilo que vai surgir, seja uma visão, um som, um toque, um gosto ou um aroma. A imaginação lhe trará novas representações, assim como novas sensações a respeito da pessoa falecida. Quanto mais detalhes você observar, mais vívida e significativa será a experiência. De fato, você poderá sentir-se perturbado e inquieto com a realidade desse mundo imaginário — e pelo conforto que lhe traz a presença de seu ente querido.

Em cada um dos três exercícios, você irá inicialmente explorar o local, depois encontrar-se com a pessoa amada e, por fim, deixar que o diálogo e o contato se desenvolvam espontaneamente. Poderá descobrir que a pessoa está agindo de maneira diferente da que agia quando estava viva. Deixe que isso aconteça, prestando atenção à sua própria resistência a quaisquer meios novos ou não-familiares de se relacionar. Talvez você não compreenda o que está compartilhando enquanto faz o exercício, porém se anotar o diálogo por escrito, terá oportunidade de estudá-lo depois. Evidentemente, a comunicação não-verbal ou o silêncio não poderão ser registrados, portanto, procure se lembrar de tudo o que aconteceu. Por outro lado, a pessoa talvez queira mostrar-lhe algo durante o encontro. Esteja receptivo a quaisquer imagens que apareçam, ainda que estas lhe sejam absurdas, perturbadoras ou o confundam. Confie em que sua imaginação o estará conduzindo para onde precisa ir para curar-se de sua dor. Quando tiver terminado o exercício, passe algum tempo sozinho em seu santuário e reflita sobre tudo o que aconteceu. Em particular, observe quaisquer mudanças em seus sentimentos relativos à pessoa que encontrou no mundo da imaginação.

EXERCÍCIO 1

O campo

Feche os olhos. Inspire profundamente algumas vezes e concentre-se no movimento de sua respiração, à medida que o ar for entrando e saindo de seu corpo. Deixe que a respiração se torne sua ponte, enquanto desvia a atenção do mundo exterior, focalizando-a no domínio interior da imaginação.

Você está num grande campo, o qual se estende até o horizonte. Observe uma figura atravessando esse campo, enquanto se aproxima de você. Quando a pessoa chega mais perto, você compreende que era quem você esperava encontrar. Fique atento aos seus sentimentos. Observe a aparência dessa pessoa, a maneira como se move, a roupa que ela está usando. A pessoa mudou? Esteja preparado para deixar de lado antigas impressões; seu ente querido poderá parecer e agir de modo diferente daquele de que você se lembrava. Permaneça com essa pessoa no presente, deixando que seu contato com ela se desenvolva, sem fazer comentários mentalmente ou interferir no que estiver acontecendo. Diga a seu ente querido como se sentiu desde a morte dele: do que tem saudade, o que lamenta, o que aprecia com relação a ele. Procure deixá-lo atualizado, informando-o sobre o que mudou para você a partir da morte dele, fazendo uma pausa para ouvir todas as respostas e mensagens. Deixe-se levar pela conversa, não importa o rumo que ela tomar.

Quando estiver preparado, despeça-se da pessoa amada. Observe-a enquanto se afasta, ficando atento ao que está sentindo. Fique algum tempo sozinho consigo mesmo, refletindo sobre essa experiência. Depois, abra os olhos.

Exercício 2

A rosa

Fechando os olhos, imagine um botão de rosa ainda completamente fechado. Use todos os seus sentidos interiores para perceber a existência dessa flor: de que cor ela é? Qual a sua textura?

A rosa agora começa a se abrir lentamente, pétala por pétala. No centro dessa flor está seu ente querido, esperando por você. Vá ao encontro dele e deixe que a relação entre vocês ocorra naturalmente, sem a sua intervenção. Você poderá ficar surpreso com aquilo que acontecer entre ambos. Poderá acontecer algum contato ou comunicação de uma maneira que você jamais julgou possível durante a vida daquele que procurou contatar.

Esse é o momento de pôr em dia seu relacionamento. Exponha mudanças, sentimentos, percepções e novas perspectivas que você experimentou desde que a pessoa se foi.

Quando estiver preparado, encerre a visita. Se ainda perceber que ela não está concluída, informe à pessoa quando fará um novo contato. Nesse momento, afaste-se do centro da rosa e observe as pétalas se fecharem novamente, circundando e protegendo o local do encontro.

EXERCÍCIO 3

A estrela

Feche os olhos e imagine-se sentado no alto de uma colina. Acima de sua cabeça estende-se um céu noturno, com milhares de estrelas brilhando contra o fundo negro. Pensando numa pessoa querida que já faleceu, deixe seus olhos errarem, percorrendo todo o céu, até que uma estrela comece a se destacar. Olhando para essa estrela, observe os raios de luz que emanam de seu centro. Um desses raios desce até onde você está sentado. Acompanhe-o, elevando seu olhar até a estrela. Ao se aproximar cada vez mais da estrela, a luz intensa poderá cegá-lo ou incomodá-lo. Poderá levar algum tempo até que seus olhos se adaptem a essa nova visão.

Quando você chegar na estrela, dê um passo e se coloque no centro dela. Seu ente querido o estará esperando. Leve o tempo que quiser para reatar os laços que o prendem a ele. Converse sobre qualquer assunto inacabado entre vocês; compartilhe ressentimentos e arrependimentos, assim como as qualidades que apreciava nele. Depois, analise o relacionamento entre vocês como ele é agora. Reconheça as mudanças, mesmo as mais sutis.

Ao se preparar para partir, você será presenteado com algo que trará de volta com você. Receba a dádiva e desça à Terra pelo raio de luz.

A História de Sue

As imagens têm o poder de unir os vivos e os mortos no âmbito da imaginação. Essa comunhão ocorre em muitos níveis ao mesmo tempo, tornando-a uma experiência profundamente comovente e transformadora. Você não apenas ouvirá as palavras da pessoa que julgava perdida, mas também poderá vê-la e tocá-la. Ao manter a imagem desse ser querido em sua mente, você cria e recria o relacionamento, não necessariamente como ele era, mas como se encontra na ocasião.

Vi meu pai dois anos após a morte dele. Encontrava-me num velho jardim de rosas, com vinhas crescendo, árvores retorcidas e rosas entrelaçadas. A princípio, abracei um carvalho, até que uma roseira de idade avançada me chamou. Tratava-se do avô das rosas desse jardim, plantada num solo escuro e fértil; seu tronco era retorcido e cheio de nós, e suas folhas entremeadas de flores de um branco-limão, matizado de carmesim. Curvei-me para sentir sua fragrância e vi uma das rosas se abrir. Meu pai saiu de seu centro e foi se expandindo, até atingir sua altura normal.

Meu pai usava uma camisa bege, amarela e cinza, e calça marrom; lentamente, ele tirou os óculos, colocou-os no bolso e segurou minha mão. Observei seus dedos longos e finos, que ainda pareciam de um artista, embora estivessem cheios de rugas e escurecidos pelo trabalho no jardim. Eu lhe disse o quanto o amava e nos beijamos espontaneamente, ao contrário do que acontecia anos antes, quando aquilo nos parecia muito embaraçoso. Depois, pedi a meu pai que me abraçasse e se sentasse numa cadeira de balanço. Ele respondeu que também gostaria de fazer aquilo, que tentara me abraçar quando eu era pequena, mas que eu sempre fora muito inquieta e procurava saltar de seu colo para ir brincar no quintal.

Uma cadeira de balanço de madeira apareceu, com uma estampa dourada no encosto, como a que tínhamos no escritório de casa. Nós nos sentamos. Eu podia sentir a textura, ao mesmo tempo macia e áspera de sua camisa de encontro ao meu rosto, o bolso e os botões. Meu pai cheirava a limpeza e a sabonete Camay.

Depois andamos lado a lado, de mãos dadas. Revelei-lhe meu profundo amor, alegria e paz em sua presença. Olhamos um para o outro e ao fazermos isso, o passado, com toda sua dor, desapareceu. "Meu Deus, papai! Nós transformamos o passado. Nós o reformulamos, para você e para mim. Tudo o que importa é o amor que sinto por você e o amor que você sente por mim." Meu pai me pediu perdão pelo sofrimento que me havia causado; ele chorou e abaixou a cabeça. Eu ergui seu rosto amado com as duas mãos e disse: "Eu o perdoei por tudo. Sei que você fez o melhor que pôde e isso é o que conta agora."

Nós nos sentamos num velho tronco de árvore caído no jardim, apreciando a companhia um do outro; rimos e conversamos. Logo chegou o momento da partida e eu o ajudei a entrar na rosa; esta o circundou uma vez mais. Beijei e abençoei a rosa, agradeci-lhe por manter meu pai aconchegado em seu centro. "Até logo, papai, eu voltarei." Saí do jardim, caminhando entre as árvores e sentindo o vento soprar à minha volta.

A História de Candace

O pai de Candace morrera pela primeira vez para ela quando esta tinha três anos de idade. Ele havia se alistado na Marinha norte-americana e partira para lutar na guerra. Seu pai, que sempre fora carinhoso e delicado, voltara como um alcoólatra incurável e irresponsável. Na época em que faleceu, vinte anos depois, Candace já havia desistido de conviver com ele, considerando-o morto. Quando o pai faleceu, Candace estava grávida e seu obstetra aconselhou-a a não ir ao enterro, com receio de que a tensão a prejudicasse. Secretamente, ela ficou aliviada com esse conselho, porém, anos depois, sua dor não-resolvida veio à superfície e se fez sentir sob a forma de uma doença debilitante. Encarando, finalmente, a perda do pai, Candace voltou-se para a meditação, a oração, a análise de sonhos, a pintura e para o hábito de escrever, que, com freqüência, produzem um conjunto de imagens profundas. A mente calma, páginas em branco ou uma tela vazia constituem-se em arenas férteis, onde imagens de cura podem tomar forma. Durante uma aula, foi apresentado a Candace o exercício da rosa.

A rosa em meu jardim está murcha e parece morta; de uma tonalidade creme, quase não tem colorido; a maioria das pétalas já caiu no chão. Ela me parece apropriada. Todavia, eu lhe peço para se abrir e, ao fazê-lo, diante de meus olhos a rosa passa por uma metamorfose, tornando-se uma flor grande, saudável e esplendidamente bela. Dela, sai meu pai, um homem jovem, com menos de 30 anos. Sentamo-nos em meu quintal. Começo a expressar minha raiva por ele ter me abandonado e arruinado minha vida. Nada espero dele também nesse momento, mas fico ali para ver o que vai acontecer.

Estou na escadaria da catedral de St. Patrick, em Nova York. Ando até a porta, abro-a e vejo meu pai como bispo, com todas as suas prerrogativas, andando pela nave em minha direção, mas me ignorando. De volta ao quintal, digo a ele: "Não tinha idéia de que você queria ser um padre!" Ele me responde que seu sonho não-realizado de ser médico não estava muito distante do sacerdócio. A medicina era o caminho mais aceitável depois do outro; porém, ele não havia trilhado nenhum dos dois.

A seguir, estou na margem de um lago grande e maltratado em St. Louis. Um menino todo de branco, usando calções presos na altura dos joelhos e gravata, encontra-se em pé num pequeno bote de madeira. Ele está ajudando uma menina, numa roupa de algodão macio e diáfano, a entrar no barco. Eu me esforço para ver se era minha mãe. Para meu espanto, tratava-se de uma criança encantadora, a qual ele amava apaixonadamente, mas que não era minha mãe. Eu o ouço dizer, com relação à minha mãe: "Ela era insuportavelmente fútil!" Reconheço sua frustração e concordo com o reconhecimento daquela característica da personalidade de minha mãe. Ela havia me contado numerosas histórias de como era cortejada por este ou por aquele homem e como escolhera meu pai. Eu nunca tinha ouvido antes nenhum detalhe acerca do passado dele.

"Quem é aquela moça?", perguntei. Ele me respondeu que a conhecera havia muitos anos. Finalmente, ela havia se casado com um homem de posses, disposto a cuidar dela. Depois de se casar com minha mãe, ele revira sua amiga uma ou duas vezes, mas permanecera casado com minha mãe, principalmente por minha causa, ele explicou, e porque o divórcio era absolutamente inaceitável a seus próprios olhos, para sua família e para a Igreja católica.

Vejo-me num quarto de dormir claro e arejado, numa espaçosa casa vitoriana. Eu podia observar o teto alto, uma janela aberta dando para uma rua arborizada, que aparecia quando a cortina era afastada por uma brisa suave. Não vi ninguém, mas tive a sensação de que meu pai estava ali sozinho. O quarto provocava um sentimento de solidão. Alguém morreu? Sim, meu avô havia falecido e seu filho estava naquele quarto vazio, tentando desesperadamente assimilar uma perda que era grande demais para o menino de 12 anos, o caçula de seis filhos, suportar. Tive a impressão de que o menino não havia tido permissão de entrar no quarto antes, para se despedir do homem que estava morrendo.

A seguir, estávamos na Segunda Guerra Mundial e meu pai servia num navio de guerra no Pacífico Sul. O dia era claro, como um dia de primavera, quente e ensolarado. Subitamente, vejo a imagem de um homem muito bronzeado e saudável, que me diz: "Na verdade, eu gostava da Marinha e tive de admitir para mim mesmo naquela época que, embora sentisse uma falta terrível de você e de sua mãe, era bom estar longe de sua mãe e de sua avó." A mãe de minha mãe tinha sido amorosa, mas dominadora; nunca quis renunciar à filha e entregá-la a um homem. Comecei a chorar lágrimas de compaixão e compreensão. Eu só tinha ouvido a versão de minha mãe dessas histórias.

Estou invisível na cozinha da casa de St. Louis; meu pai usa um uniforme, minha mãe e minha avó aparecem sentadas à mesa. Papai diz que quer partir. Ele não consegue imaginar como o casamento poderia dar certo. Não pretende magoar ninguém. Minha mãe e minha avó manipulam a situação; meu pai se dá por vencido e promete continuar casado. Sua licença termina e ele volta para a guerra. Isso para mim é uma grande surpresa: ele tentara terminar um relacionamento que já nessa época não ia bem. Meus pais me pareciam muito felizes juntos quando eu era pequena.

A última coisa que fiz durante o encontro foi dizer a papai o quanto sentia por sua vida ter-se desenrolado daquela maneira. Eu estava mais disposta a perdoar e a ser menos crítica. Então, meu pai comentou: "Lamento tanto!" Sei que se arrependia de tudo o que havia acontecido, mas eu durante muitos anos recusei-me a aceitá-lo. Lamentar não muda nada; o que se pode fazer é diminuir da forma mais cômoda a responsabilidade de alguém por seus atos. Por isso, disse-lhe que queria ser libertada. Esperava que ele fizesse tudo que pudesse, onde quer que estivesse, do outro lado ou numa nova vida, para compensar suas ações com relação a mim. Libertar-me e, ao mesmo tempo, libertar a si mesmo.

Como tem acontecido com muitas outras pessoas nesses encontros, as imagens não corresponderam ao que Candace esperava. Pareciam ter vida própria, ao conduzirem-na através de vinhetas da vida do pai. Tendo trabalhado com técnicas de imaginação criativa antes, Candace confiava no fluxo das imagens e tentou cuidadosamente não interferir nas mesmas. No final do exercício, sentiu que, pela primeira vez, tinha observado a vida do pai através dos olhos deste, e não de acordo com a visão que sua mãe tinha dos acontecimentos.

Essas imagens foram perturbadoras e, ao mesmo tempo, tiveram um efeito terapêutico sobre Candace. Elas lhe permitiram entrar em contato com o pai de uma forma interessada e compassiva; a pessoa com quem falou era gentil, carinhosa, sensível, sábia e muito inteligente, como seu pai havia sido durante a infância de Candace. Por meio de imagens vívidas, ela pôde conhecer os desapontamentos e os sonhos não realizados do pai, compreendendo, pela primeira vez, os fatores que tinham contribuído para seu alcoolismo.

Por meio da imaginação, você poderá ter acesso à presença ou às experiências de vida de outra pessoa, o que torna possível ver o mundo pela perspectiva dessa. Dessa maneira, a empatia desenvolve-se naturalmente, transformando antigas mágoas e ressentimentos em compreensão e compaixão.

Encontro com um Filho e com uma Mãe

Richard decidiu-se pela psicoterapia quando a pressão em seu trabalho começou a pôr sua saúde em risco. Após algumas sessões, tornou-se claro que sob o *stress* encontrava-se a sombria presença de uma dor que ele não tinha esperança de resolver: seu filho, Brian, tinha morrido de AIDS cinco anos antes. Fora aniquilador para Richard acompanhar a deterioração do corpo de Brian e testemunhar seu sofrimento, sem que nada pudesse fazer para ajudá-lo. Essas lembranças o assombravam durante o dia e a dor o consumia implacavelmente à noite.

Numa de nossas sessões, embora desestimulado pela dúvida, Richard concordou em tentar o exercício da rosa. Para sua grande surpresa, uma imagem clara de Brian se manifestou, assim que a rosa se abriu. Brian sorriu e lhe assegurou que estava em paz; relatou que se sentira frustrado ao tentar comunicar isso ao pai. Iniciaram um diálogo, falando sobre o relacionamento de ambos e solucionando algumas velhas feridas que os haviam importunado durante anos. Quando Richard abriu os olhos, parecia imensamente aliviado: seu rosto estava claro e radiante, qualidades que em geral estão presentes quando a pessoa de fato abre o coração. Richard me disse que somente lamentava ter esperado tanto tempo para buscar aquele local de cura. Nunca havia sonhado que esse tipo de desbloqueio fosse possível por intermédio da imaginação.

Outra cliente, Lela, escolheu o exercício do campo, esperando encontrar Anya, sua mãe, que tinha falecido vários meses antes. Lela não havia estado presente quando Anya morrera. Deixara o hospital para ir jantar e, quando voltara, a mãe havia partido. Desde então, estivera desesperada devido à sua ausência no momento da morte de Anya, e obcecada com a idéia de que poderia ter feito alguma coisa para manter sua mãe viva. Originalmente, o declínio de Anya resultara de um simples acidente, do qual Lela esperava que ela se recuperasse com facilidade. Entretanto, à medida que complicações inesperadas foram ocorrendo, a saúde e o estado de ânimo de Anya decaíram rapidamente. Lela arrependia-se por não ter sido suficientemente enérgica com os médicos, por não ter insistido em outras opções de tratamento. Inúmeras vezes, em sua mente, Lela repassou a progressão da doença da mãe, condenando-se por todos os erros que pensava ter cometido.

Agora, ao se concentrar no exercício do campo em sua imaginação, Lela viu a mãe tão claramente como se estivesse viva. Assim que Anya apareceu, as imagens tornaram-se brilhantes. Lela conversou com a mãe por um longo tempo sobre seu sentimento de culpa e angústia, ouvindo, a seguir, o que Anya tinha para dizer. Anya lhe contou que queria morrer. Tendo concluído seus compromissos e vendo os filhos independentes, sentia-se pronta para dar o passo rumo ao desconhecido. Tinha evitado falar a Lela sobre sua decisão porque sabia que a filha iria resistir a ela.

As palavras de Anya deixaram Lela atônita, porém sabia que a percepção da mãe era verdadeira. Se, na vida real, Anya lhe houvesse dito que queria morrer, Lela teria resistido e lutado, por estar completamente despreparada para deixar a mãe partir. A revelação de Anya libertou Lela de sua culpa, e a fez sentir um profundo amor pela mãe. Finalmente, ela conseguiu se concentrar no desapego, necessário para libertar a mãe.

A cura consiste em receber — e não em reprimir — as imagens que a imaginação coloca diante de nós. Deixando de lado as conjecturas e as expectativas, Richard e Lela receberam seus entes queridos — e suas mensagens — como estes apareciam nos exercícios. Essas imagens poderosas levaram Richard e Lela aos limites do conhecido, devolvendo-lhes os membros da família que haviam perdido.

Uma Mãe Encontra seu Bebê

O bebê de Randi nascera morto e tinha sido levado embora enquanto ela ainda estava sob o efeito da medicação. Não lhe fora dada a oportunidade de ver o filho, abraçá-lo ou se despedir dele. Quando voltou para casa, uma dor profunda e debilitante a deixara prostrada. Em seus sonhos, procurava o bebê desesperadamente por todo o hospital, mas nunca o encontrava. Nas horas em que estava acordada, sentia-se deprimida, alimentava-se mal e chorava constantemente. O marido, já preocupado, porque meses tinham se passado e ela nem sequer saía de casa, encorajou-a a procurar aconselhamento. Durante nossas sessões, investigamos o tema do sofrimento dela. Uma vez que palavras eram difíceis para ela e sua imaginação tinha sido muito estimulada pela dor, Randi descobriu que os exercícios de imaginação poderiam ser muito benéficos em seu processo de cura. Para aqueles que não gostam de escrever ou falar, a imaginação é um instrumento valioso para a exploração do contato interior.

Numa sessão, pedi a Randi que fechasse os olhos, enquanto eu a guiava para o céu noturno. Uma estrela brilhante chamou sua atenção, e Randi subiu por uma escada de luz, na direção dela. Assim que chegou no centro da estrela, Jesus apareceu diante dela; uma luz dourada fulgurante o envolvia. Enrolado num cobertor branco, o bebê de Randi encontrava-se aninhado nos braços de Jesus. Randi, com uma exclamação, segurou o filho. Em sua imaginação, ao envolver o bebê nos braços, a criança morta tornou-se real. Randi acariciou seus minúsculos dedos e beijou a cabeça coberta por uma penugem macia. Por um longo tempo, continuou abraçando o filho e falando com ele. Quando chegou o momento de partir, Jesus silenciosamente deu um passo à frente e estendeu as mãos. Dessa vez, ela separou-se do bebê com uma profunda sensação de paz e confiança. Agora, quando olha para o céu à noite, Randi pensa no bebê e sabe que ele está ali, como uma estrela brilhante. A experiência dela me fez recordar as palavras de despedida do pequeno príncipe a seu amigo: Vou morar numa daquelas estrelas. Numa delas, estarei rindo... E, quando sua tristeza for consolada (o tempo suaviza todo o sofrimento), você ficará contente por ter me conhecido. Você será sempre meu amigo" (Antoine de Saint-Exupèry, p. 85).

O Poder da Imaginação: Um Retrospecto

Quando preparamos um ambiente fértil para que a imaginação se manifeste, esta, em sua sabedoria, nos proporciona as imagens exatas de que precisamos para nos recuperar de um sofrimento. Acredite nessas imagens; recebendo-as, aceite-as; procure percebê-las com todos os seus sentidos. Quanto maior o número de detalhes em que se concentrar, mais poderosa, imediata e inspiradora essa experiência será. Prepare-se para o impacto da surpresa e da alegria. Sempre que seu intelecto interferir, seja por julgamentos ou correções, conduza sua atenção delicadamente de volta ao fluxo de imagens. Aprecie e saboreie as imagens que vêm até você; regozije-se com seu toque terapêutico. Deixe-as agirem sobre você por um longo tempo, depois que o exercício terminar. Se mantiver consigo, em seu íntimo, imagens do ente querido, estas permearão seu dia com a presença da pessoa amada. Talvez decida tratar esses episódios como faria com cenas de filmes, que abrangem significados a serem considerados posteriormente.

Vamos rever os passos necessários para se trabalhar com a comunicação interior, por meio da imaginação:

- Identifique quem você quer ver e pense acerca dos problemas e de questões não-resolvidas no relacionamento de ambos. Como eles afetaram seus sentimentos com relação a essa pessoa, desde a morte dela?
- Reserve um período ininterrupto de tempo para ficar em seu santuário. Sente-se, focalizando a atenção em sua respiração. Deixe que sua mente se aquiete e seu corpo se acomode.
- Feche os olhos e, em imaginação, vá a um local de cura (como um jardim, um campo, uma floresta, um aposento especial ou uma praia). Explore esse ambiente com todos os seus sentidos.
- Convide a pessoa a visitá-lo no lugar que escolheu, com a finalidade de reformular o relacionamento entre vocês. Observe cuidadosamente a aproximação dessa pessoa. Esteja consciente dos seus sentimentos.
- Inicie um diálogo, referindo-se às questões que o preocupam. Fale honestamente. Não interfira no processo que for se desenvolvendo naturalmente. Você poderá, se quiser, permanecer simplesmente ao lado da pessoa, partilhando em silêncio o tempo que passarem juntos.
- Ouça cuidadosa e respeitosamente as respostas.
- Esteja receptivo a ocorrências inesperadas. Por exemplo, a pessoa poderá levá-lo a algum lugar ou dar-lhe alguma coisa. Qualquer outra pessoa poderá aparecer.
- Encerre o encontro. Se sentir que algo ficou sem solução, diga ao ente querido que você o encontrará novamente em breve, por intermédio da sua imaginação.
- Passe algum tempo em seu santuário depois que a pessoa tiver partido. Relaxe e reflita sobre o que aconteceu.
- Anote sua experiência por escrito. Poderá levar algum tempo para que você compreenda o sentido ou o significado daquilo que se passou.

Parte três

Contato Exterior

A única coisa que o impede de ter relacionamentos profundos, plenos, em que a alma está presente, é a sua imaginação.

Thomas Moore

CAPÍTULO 7

Comunicação com a família após um falecimento

Liana deixou-se cair com um suspiro na poltrona marrom de meu consultório. Parecia que, ao vir à consulta, ela havia esgotado a pequena reserva de energia que ainda tinha. Suas primeiras palavras confirmaram essa impressão: "Fiquei esperando a semana inteira por esta consulta. Não consigo lhe dizer o que significa para mim neste momento sentir que estou num lugar seguro." Fez uma pausa e respirou profundamente. Por um breve instante, foi como se os olhos castanhos que me fitavam tivessem subitamente se transformado em túneis e eu pudesse ver a dor que havia no coração dela. Instintivamente, Liana olhou para suas mãos crispadas, apoiadas no colo. Como ocorre com tantos de meus clientes e amigos, ela tinha aprendido a se retrair quando ondas de sentimento começavam a brotar. Sentia-se envergonhada por sua insegurança e vulnerabilidade. "Estou contente que tenha vindo", eu lhe disse delicadamente, e ela ergueu os olhos novamente, mais tranqüila diante dessa expressão de empatia.

Em seguida, sua história transbordou de dentro dela, como a água de um reservatório, depois de se acumular durante várias tempestades.

Sinto-me muito solitária. Há uma dor em meu peito que não passa, mesmo quando estou com meu marido e meus filhos. É aterrador sentir-se tão só. Meu pai faleceu nove meses atrás. Sua morte foi uma enorme perda, extremamente maior do que eu pensava que seria. Nós éramos muito unidos. Somente após a morte dele percebi o quanto contava com seu apoio silencioso. Ele me faz uma falta terrível.

No presente, o que mais me preocupa é meu relacionamento com minha mãe. Compreendi, logo depois que papai faleceu, que eu queria reparar esse relacionamento, com todos os seus anos de dor e de raiva, porque, de meus pais, eu agora só tenho a ela. Lembro-me de ter pensado: "Meu Deus, se minha mãe morrer agora será bem pior. Essa será, sem dúvida, a pior perda pela qual terei passado, uma vez que não nos reconciliamos. Nunca teremos compreendido uma à outra."

Depois da morte de meu pai, temos tido grandes discussões, minha mãe e eu. Subitamente, percebi a dinâmica de nosso relacionamento muito claramente. Temos gravitado ao redor uma da outra durante anos, sem realmente nos enxergarmos. E, quando meu pai faleceu, senti que, finalmente, estava vendo minha mãe – porém eu não gostava do que via. Eu não a respeitava ou amava. Achava que era narcisista e insegura demais para cuidar de si mesma. A idéia de que eu pudesse ser como ela realmente me assustava. Percebi que havia perdido o único entre meus pais que poderia me apoiar emocionalmente. Eu estava revoltada por ter sido deixada com minha mãe, a qual, eu achava, não me compreendia. Alguns meses atrás tentei transmitir-lhe minha dor, mas ela não conseguiu me ouvir. Estava presa demais ao seu próprio sofrimento. Nesse momento, eu lhe disse algumas coisas que a magoaram. Simplesmente, não tenho energia suficiente para ser delicada ou cercá-la de cuidados, como sempre fiz. Percebo agora como desempenhei o papel de uma boa filha, à custa de deixar de ser eu mesma quando estava com ela.

É angustiante para mim encontrá-la. Não consigo mais desempenhar os velhos papéis e, por isso, não sabemos como nos comportar uma com a outra. Ambas nos sentimos perdidas e solitárias quando estamos juntas. Quero realmente sentir amor por ela. Quero ser capaz de perdoá-la por...

A voz de Liana foi se extinguindo e seus olhos, que tinham estado fixos em mim durante todo o relato, desviaram-se novamente para as suas mãos. Ela havia se contido no momento em que estava para revelar segredos de família. Tratava-se de um território no qual ainda não se sentia preparada para aventurar-se, e eu respeitei seus limites. Voltaríamos ao assunto numa sessão posterior. Quando ergueu os olhos, fiz um sinal com a cabeça de que concordava. Ela pareceu aliviada e continuou sua história.

Meu irmão rompeu qualquer contato com minha mãe e comigo porque está passando por um período terrível. Ele tenta superar a própria dor e o fato de não ter se reconciliado com meu pai. É difícil de acreditar, mas ele teve muito mais dificuldade para aceitar a perda do que eu. Sei que minha mãe não o entende. Às vezes me deixo envolver, mas creio compreendê-lo e, por isso, consigo respeitar sua necessidade de procurar se sentir bem o suficiente para dizer: "Desculpem, mas não consigo lidar com isso agora." Ele tem esse direito e não há razão para que se sinta culpado. Não é minha tarefa cuidar dele. Não se pode proteger as pessoas de sua própria dor. Contudo, tenho muita saudade dele. É trágico que nossa família esteja separada, num momento em que precisamos tanto uns dos outros.

Esperava que meu marido me ajudasse a superar o sofrimento e a solidão, mas nós também temos tido dificuldade para nos comunicar. Ele tenta me apoiar, porém nunca perdeu um dos pais e não tem idéia do que eu estou sentindo. Parece constrangido com a intensidade de minhas emoções. Começo a perceber que realmente não confio nele, em relação aos meus sentimentos, especialmente agora, quando me vejo tão indefesa e vulnerável. Em numerosas ocasiões ele tem sido sarcástico comigo. Sinto-me muito só.

Pondo a mão sobre o peito, Liana a manteve no ponto em que seu coração doía. Começou a soluçar. Sua angústia era tão pungente que me levou a compreender seu marido e sua razão para se afastar dela. Inspirei profundamente. Não podia aliviá-la de sua dor, nem desejava isso. Era importante que ela a sentisse plenamente naquele momento, em presença de outro ser humano que também conhecia o sofrimento. Eu a incentivei a deixar as lágrimas caírem; sabia que suas lágrimas a estavam conduzindo de volta a si mesma.

Como o Sofrimento da Perda Modifica a Família

A dor afeta os vários tipos de sistema familiar, de formas diferentes; por essa razão, limitarei minhas observações aqui à família de origem, abordando o casamento e outras parcerias no Capítulo 8.

Num capítulo anterior, sugeri que o luto vem acompanhado da possibilidade de reconhecer condicionamentos e padrões de relacionamento com mais clareza. A constatação dolorosa de problemas, que podem ter sido negligenciados ou evitados, agora derrota mecanismos de defesa enfraquecidos, apresentando-se com uma grande magnitude. Fico impressionada com o número de clientes e entrevistados que têm usado a seguinte metáfora: "Desde a morte, é como se um véu tivesse sido erguido. Vejo tudo de maneira diferente." Essa visão nítida se constitui numa oportunidade para apreciar a força de um relacionamento, para abordar seus aspectos negativos e desenvolver meios mais autênticos de se relacionar. A sensação de liberdade e as novas possibilidades quanto aos relacionamentos podem ser estimulantes e aterradoras.

Essa mudança de perspectiva, aliada à consciência de sua própria solidão, contribuíram para as mudanças por que Liana estava passando no relacionamento com a família. Em sua solidão, ela havia sido lançada de volta para si mesma, vendo-se forçada a avaliar relacionamentos que anteriormente considerara imutáveis. Foi doloroso para ela observar as concessões que havia feito em seu relacionamento com a mãe e com o marido, e se defrontar com a falta de apoio e de intimidade em ambos os casos, especialmente num momento tão significativo de perda. Como ocorre com outras pessoas que estão sofrendo, Liana estava ansiosa para melhorar e aprofundar seus relacionamentos. Em particular, ela sabia que desejava um relacionamento mais afetuoso e autêntico com a mãe, porém, em vista da raiva e do ressentimento que constantemente afloravam à superfície, Liana não tinha idéia de como iniciar essa mudança.

Como bem ilustra a história de Liana, um sistema em vigor por muitos anos pode se transformar em caos e gerar revolta após a morte de um membro da família. Antigos padrões não surtem os mesmos resultados; ressentimentos passados, rivalidades e ciúme vêm à tona. Ao lado de questões não-resolvidas, que podem datar da infância, novas tensões e ressentimentos tendem a se acumular, devido a questões envolvendo o cuidado com a pessoa que está à morte. Da mesma forma — e este é um problema bem conhecido — a distribuição dos bens da pessoa falecida podem se constituir numa área de atrito importante, causando irritação e hostilidade na família.

Além disso, alianças dentro do âmbito familiar sofrem reviravoltas após a morte, criando novas dinâmicas no padrão doméstico. Por exemplo, um paciente meu, Derrick, descreveu as profundas mudanças que havia vivido em seu relacionamento com o irmão, desde a morte do pai. O irmão e o pai de Derrick tinham sido muito unidos e este sentia-se dominado e ofuscado pelo irmão. Entretanto, quando o pai faleceu, a constelação familiar sofreu uma alteração. De maneira abrupta, o irmão perdeu um aliado e, ao mesmo tempo, parte de seu poder. Derrick tornou-se mais autoconfiante, conseguindo enfrentar o irmão e expressar plenamente os próprios talentos.

Quando essas mudanças ocorrem numa família, o antagonismo pode aumentar. Muitos sentem-se confusos e até mesmo envergonhados por esse desentendimento. Se os membros da família conseguirem se concentrar nas questões subjacentes ao conflito, comunicando-se entre si, esse poderá ser um período em que se torna possível criar relacionamentos mais saudáveis.

Finalmente, a consciência da própria mortalidade, que acompanha a morte de um parente próximo, poderá se tornar um forte incentivo para se trabalhar os relacionamentos familiares. A compreensão de Liana de que lhe restara apenas a mãe motivou-a a reestruturar seu relacionamento com ela, a despeito da dor e da raiva que seus esforços lhe traziam. A morte do pai ou da mãe geralmente rompe nossas resistências e hesitações, no que se refere a mudanças necessárias no relacionamento com aquele que ficou. Nate relatou-me que a morte do pai forçou-o a observar e a mudar o relacionamento que tinha com a mãe. A ligação íntima com o pai lhe havia permitido negligenciar as dificuldades que existiam com relação à mãe. "Meu maior receio quanto a perder minha mãe é passar muito tempo arrependido por não tê-la tratado melhor. Se ela tivesse de morrer hoje, eu gostaria de ter sido mais paciente, de tê-la julgado menos. Penso nisto todos os dias e creio haver uma maneira de evitar o arrependimento e o remorso. Tenho me esforçado para mudar as coisas entre nós; em poucos meses já percebi algum progresso."

Mudanças ocorrem entre irmãos também. A morte de um membro da família poderá uni-los, dando origem a uma nova visão desse laço familiar especial; uma disposição crescente e a oportunidade poderão se apresentar, com relação à necessidade de solucionar questões pendentes, o que os conduzirá a um maior entendimento e intimidade. Irmãos podem se sentir mais à vontade para discutir rivalidades infantis, ciúme e segredos que contaminam o relacionamento entre eles. Devido aos conflitos que vêm à tona, esse é um período precioso para acabar com rancores e estabelecer um relacionamento adulto e maduro um com o outro. Em *In Memoriam*, Henri Nouwen escreve sobre o efeito transformador que a morte da mãe teve sobre o relacionamento entre os irmãos: "A nova intimidade que começamos a sentir era algo muito maior do que aquilo que normalmente é expresso com a frase 'vocês ainda têm uns aos outros'. Nós nos tornamos uns para os outros pessoas novas, com vidas e perspectivas novas. A vida começou a se revelar de maneiras novas. Eu não estava apenas dizendo adeus à nossa mãe; estava também me libertando de alguma coisa em mim que precisava morrer. Percebi que o mesmo ocorria com meu pai, meus irmãos e irmã. Antigos limites que tinham mantido certas distâncias entre nós estavam sendo rompidos, para que uma nova intimidade pudesse se desenvolver" (Nouwen, p. 37).

Algumas vezes surge a oportunidade de se conhecer um membro da família com quem o relacionamento era mais distante. Uma senhora, num de meus seminários, partilhou o fato de nunca ter ficado sozinha com o pai. Ela não sabia quem ele era como pessoa; conhecia apenas o papel dele no casamento. Sempre que respondia às ligações telefônicas dela para casa, ele automaticamente passava o fone para a mulher.

Após a morte da mãe, minha cliente se sentia constrangida todas as vezes que estava sozinha na companhia do pai. À medida que as semanas foram passando, entusiasmou-se com a idéia de vir a conhecê-lo e começou a gostar de estar com ele. Quando o pai faleceu, seis meses depois, ela sentiu-se profundamente grata por aquele breve, embora significativo, período que passaram juntos.

Contudo, pode haver dificuldades: discussões, arrependimentos e ressentimentos, com relação ao pai ou à mãe que ficou, ou a algum irmão. Como todos sofrem simultaneamente, porém de maneiras diferentes, as relações podem assumir uma intensidade ou aspereza que não tinham antes. A visão mais clara, resultante da crise, poderá fazer com que o filho adulto torne-se incapaz de ignorar padrões doentios ou questões quanto ao relacionamento, que haviam sido reprimidos. Disputas, confrontos e — espera-se — rompimento de barreiras podem se constituir num fascinante e produtivo resultado.

Como Efetuar as Mudanças

De que maneira podemos realizar as mudanças que queremos em meio ao caos emocional que o sofrimento traz à família? A comunicação com parentes e amigos se revela muito difícil durante a fase de luto. As emoções estão à flor da pele e as pessoas em geral sentem-se despreparadas e no limite de suas forças. Aqueles que estão sofrendo com freqüência agem de maneira que pareceria inadmissível sob outras circunstâncias, expressando raiva, impaciência e outras emoções negativas. Arriscam-se e dizem o que pensam, algumas vezes com uma franqueza brutal. Não dispõem de energia para ser delicados, tomar cuidado com os sentimentos dos outros, conter-se ou assumir padrões de comportamento antigos e improdutivos. Um sentimento de libertação poderá brotar naqueles que estão passando por um momento de grande dor, ao descobrirem que se sentem realmente melhor quando se expressam de forma verdadeira e autêntica. Se todos os membros de uma família estão sofrendo, é comum irromperem discussões, juntamente com mal-entendidos, e a relação entre eles pode se tornar difícil. Os que estão fora do círculo familiar talvez fiquem chocados e perturbados diante dessas mudanças de comportamento; isso poderá exercer um efeito igualmente destrutivo sobre a comunicação.

Afastamento

No momento em que os conflitos vêm à superfície, um afastamento temporário poderá ser um instrumento valioso. Contudo, é difícil ter certeza de que a decisão de afastar-se do pai ou da mãe, ou ainda dos irmãos, poderá acabar levando a uma solução para a crise e um desejo de reconciliação. Vivi essa incerteza pessoalmente depois da morte de meu pai. A força do sofrimento brotando com violência em mim naquele momento não me permitia deixar de lado meus próprios sentimentos para me concentrar nas necessidades de minha mãe.

Precisei me afastar dela para respeitar e sentir plenamente a minha própria dor. Desde a infância, eu tinha sido condicionada a cuidar das necessidades de minha mãe antes de pensar nas minhas, e esse padrão havia se incorporado de tal forma ao nosso relacionamento que eu nem mesmo percebi sua extensão total até depois da morte de meu pai — o que não é muito lisonjeiro para uma psicoterapeuta. Embora essa constatação e a conseqüente mudança em meu comportamento criassem um grande mal-estar naquela época, senti-me grata pelo impulso de crescimento que minha dor me proporcionou. Minha mãe e eu não somente voltamos a nos relacionar meses depois, com uma nova aceitação de nossas diferenças, mas eu também passei por uma notável mudança que fez com que minhas necessidades fossem importantes também em meus outros relacionamentos.

Se, por um lado, a distância pode nos proporcionar um certo espaço para respirar, é fundamental que essa seja uma fase de criatividade e mudança e não um estado permanente. A autora e psicoterapeuta Harriet Lerner adverte em *The Dance of Intimacy*: "O movimento lento na direção de uma união maior e não para longe dos membros de nosso próprio grupo familiar funciona como uma das melhores apólices de seguro, para trazer uma sólida noção do eu para outros relacionamentos. Quando temos poucas ligações com a nossa família mais ampla e rompemos com um ou mais membros do núcleo familiar (um irmão, pai ou mãe), nossos outros relacionamentos poderão ficar parecidos com uma panela de pressão, particularmente ao iniciarmos nossa própria família. O grau em que nos distanciamos e nos separamos dos nossos familiares está diretamente relacionado com a intensidade e a receptividade que demonstramos nos outros relacionamentos" (Lerner, p. 214).

O Uso da Comunicação Interior

Embora a comunicação exterior, num momento de grande sobrecarga emocional, possa contribuir para aumentar a tensão e os conflitos, os mesmos recursos que permitem o contato com pessoas falecidas nos ajudam a nos ligar, de uma forma criativa e mais forte, com membros vivos da nossa família. A imaginação proporciona um local seguro, onde podemos nos recolher para reavaliar e viver interiormente o relacionamento; a comunicação interior nos oferece a oportunidade de realizar um trabalho de cura.

Quando a comunicação é prejudicada ou interrompida pelo sofrimento, a imaginação pode construir uma ponte entre você e o membro de sua família, vencendo o abismo criado pela mágoa, desapontamento, mal-entendidos e raiva. Como já percebeu, em sua imaginação você tem liberdade para abordar questões sobre as quais silenciou antes, expressar-se sem restrições e verbalizar sentimentos reprimidos. Você é livre para entrar em contato com o ser interior da outra pessoa e observar o relacionamento sob a ótica dessa pessoa, uma vez que, em imaginação, você não é limitado por um corpo. Ser-lhe-á possível, ainda *observar-se* enquanto se relaciona com o membro de sua família, ao mesmo tempo que participa desse relacionamento.

Tudo isso poderá se realizar em seu íntimo, sem a interferência da outra pessoa; uma oportunidade extraordinária, no momento em que a comunicação parece impossível na vida diária. Ao colocar à sua disposição novos recursos para superar padrões destrutivos de relacionamento e perspectivas diferentes que promovem a compaixão e a compreensão, sua imaginação irá ajudá-lo a aprofundar laços, ultrapassar barreiras e expressar amor de maneiras que nunca julgou possíveis em seu dia-a-dia.

Algumas vezes, o uso da imaginação criativa no âmbito familiar resulta em surpreendentes mudanças na outra pessoa. Uma cliente fez o exercício 1, apresentado mais adiante neste capítulo, dialogando com o pai sobre problemas no relacionamento de ambos, que os haviam mantido distantes um do outro durante anos. A comunicação entre eles ficara limitada a poucas e superficiais trocas de palavras rudes. Alguns dias depois de fazer o exercício, ela falou com o pai pelo telefone e depois me contou: "Eu não podia *acreditar* no modo como ele me ouviu. Nunca havia feito isso antes. Conversamos sobre várias questões importantes, sem gritarmos um com o outro. Um canal fora aberto em nossa comunicação, o que eu não considerava possível."

A prática da imaginação não apenas cria os alicerces para uma conversa exterior com um membro vivo da família, mas também parece afetar a própria conversa. Após um confronto com a irmã, uma de minhas clientes me disse: "Quando minha mãe faleceu eu não podia mais ignorar os conflitos que existiam entre minha irmã e eu. Uma vez que ela passou a ser o único membro da minha família, eu queria ter com ela um relacionamento mais próximo. Durante semanas, enfrentei minha irmã em imaginação, usando as técnicas de comunicação interior que havia aprendido. Quando percebi com mais clareza minhas próprias necessidades e já havia desenvolvido compaixão pelas deficiências de minha irmã, senti-me preparada para conversar com ela. Nossa conversa se revelou muito semelhante com a que eu tinha elaborado mentalmente. Minha irmã demonstrou disposição para me ouvir. Normalmente, ela me interrompia de forma brusca se eu dissesse qualquer coisa com relação ao meu pai, que pudesse parecer crítica. Porém, nessa ocasião, ela se mostrou mais receptiva e compreensiva do que em qualquer outra que eu possa lembrar. Nosso relacionamento está diferente agora. Pela primeira vez na vida, sinto-me à vontade com minha irmã."

Ao buscarmos a fonte de nossa imaginação, entramos em contato com um conhecimento muito maior do que nossa mente consciente pode compreender. Portanto, é fundamental que você aborde esse trabalho com humildade e receptividade. Assim como no trabalho com um ser querido que já faleceu, afaste quaisquer idéias preconcebidas quanto ao conteúdo ou resultado do exercício de imaginação, evitando impor aquilo que você quer. Ouse aceitar aquilo que se manifestar, sem julgamentos ou elaboração mental. Deixe-se levar pelo exercício. As imagens que lhe vierem poderão surpreendê-lo, fasciná-lo e até mesmo horrorizá-lo. A imaginação é naturalmente aberta e criativa. Ela não faz distinção entre negativo e positivo, extasiante e assustador, entre vida e morte. Abrange tudo isso, conduzindo-nos para além das fronteiras de nossas perspectivas limitadas, e nos oferece um potencial de cura maior do que jamais ousamos sonhar.

No decorrer deste e dos capítulos subseqüentes, exercícios orientados, usando a comunicação interior, irão ajudá-lo a exteriorizar sentimentos não-expressos, a obter uma nova compreensão e compaixão, e a encarar e reviver situações negativas que estão afetando seu relacionamento com um membro vivo de sua família no momento presente. À medida que for praticando a comunicação interior, você perceberá que desenvolveu um domínio maior sobre a técnica, conseguindo falar e ouvir mais facilmente, no âmbito de sua imaginação. Todavia, os benefícios não pararão aí. O confronto com um ente querido em sua imaginação lhe dará confiança para aceitar mais riscos exteriormente: o de falar com franqueza, estabelecer limites e pedir o que precisa. Por essa razão, depois de trabalhar com as técnicas de comunicação interior aqui descritas, você poderá sentir-se preparado para iniciar uma conversa face a face com o membro de sua família, com a finalidade de integrar novos canais de acesso, compreensão e percepções em seu relacionamento. Mantenha a lista de perguntas a seguir próxima de você, para que possa avaliar seu desembaraço ao conversar com a pessoa. A seguir, defina seus objetivos, identifique os tópicos a serem abordados, faça o contato inicial, escolha um local seguro e estabeleça as diretrizes de uma conversa produtiva e revitalizadora.

REIVINDICAÇÃO DOS DIREITOS

O escritor e orador John Bradshaw descreve, com base no trabalho da terapeuta de família Virginia Satir, cinco direitos, que ele afirma serem essenciais a relacionamentos saudáveis dentro de uma família: direito de

- Ver e ouvir
- Dizer o que se pensa e sente
- Sentir aquilo que se sente
- Pedir o que se quer
- Assumir riscos por si mesmo

Para estabelecer bons relacionamentos familiares positivos, a pessoa precisa reivindicar esses direitos.

O exercício seguinte o auxiliará a recuperar esses direitos — ou reclamá-los pela primeira vez no âmbito de seu relacionamento com uma pessoa viva — por meio da comunicação interior. Inicie o exercício em seu santuário, estabelecendo um período de tempo, durante o qual não seja interrompido. Reveja as perguntas a seguir, que foram elaboradas visando a focalização de sua atenção no trabalho a ser realizado. Depois, talvez com a ajuda de uma fotografia da pessoa de sua família, na qual irá se concentrar enquanto durar o exercício, siga as instruções cuidadosamente.

Avaliação das Relações Familiares

- Que qualidades são agora importantes para mim em meu relacionamento?
- O que não estou mais disposto a aceitar?
- Estou satisfeito com a qualidade de meus relacionamentos?
- Que mudanças ocorreram em meu relacionamento com membros de minha família? O que espero em meu relacionamento com eles?
- Ao mudarem os papéis e as responsabilidades, como resultado da morte, permanecem ainda quaisquer ressentimentos ou reconhecimentos que não estão sendo expressos?

- O relacionamento com membros vivos da família foi afetado pela morte?
- Ao atravessarmos esse período de tensão e sofrimento, que forças e fraquezas fundiram-se no relacionamento com a pessoa que continua viva?
- Que padrões existentes no casamento de meus pais vejo refletidos no relacionamento com esse membro vivo da família?
- Como as minhas amizades mudaram? Quais delas se tornaram mais íntimas? Houve algum distanciamento?
- Estou disposto a informar à minha família e amigos o que espero de meus relacionamentos? Sou capaz de expressar o que penso e sinto?
- Tenho sido bem-sucedido ao tentar me aproximar de minha família e meus amigos? Estou estabelecendo limites em relação a eles?
- Até que ponto tenho conseguido ser autêntico? Faço muitas concessões? Sinto-me capaz de assumir riscos em meus relacionamentos para obter o que preciso?

Após reflitir sobre essas questões e ter percebido com clareza suas prioridades, você poderá tomar medidas para adequar seus relacionamentos a seus anseios mais profundos. Contudo, tenho uma advertência a lhe fazer: ao começar a agir, esteja preparado para consideráveis conflitos e eventuais rompimentos em seus relacionamentos.

EXERCÍCIO 1

Um encontro interior

Para realizar o exercício, sente-se, feche os olhos e concentre-se em sua respiração por alguns minutos, para aquietar o corpo e a mente. Agora, imagine um local de cura. Poderá ser um lugar que você viu ou visitou de verdade, ou um lugar que existe só na sua imaginação. Talvez ele faça parte da natureza — uma floresta, uma praia, uma queda-d'água, o topo de uma montanha, um jardim — ou seja um aposento especial. Você poderá se decidir por um local em particular e descobrir que uma outra imagem se sobrepõe a ele, diante de seus olhos. Não lute contra isso; confie no que acontecer espontaneamente.

Explore esse lugar com todos os seus sentidos. Olhe à sua volta e preste atenção nos detalhes. Toque, sinta qualquer aroma que esteja ali, ouça. A ativação de seus sentidos internos é um passo decisivo neste exercício. Quanto mais sintonizado você estiver com todos os seus sentidos em sua imaginação, mais intensa será a experiência. Continue a explorar esse ambiente com os seus sentidos, até que se sinta totalmente presente nesse local.

Quando se sentir preparado, convide a pessoa de sua família que você escolheu para conversar nesse ambiente de cura. Quando ela se aproximar, focalize a atenção em quaisquer sensações físicas que estiver experimentando. Em vez de tentar prever o que possa acontecer, fique atento à expressão dessa pessoa, seus movimentos, sua roupa. Preste atenção aos seus próprios sentimentos.

Algumas pessoas, por estarem nervosas demais para falar sozinhas com o membro da família, mesmo em imaginação, pedem que um guia as apóie e proteja. Permanecendo ao seu lado ou atrás de você, esse guia poderá não participar ativamente do encontro, mas o ajudará simplesmente com sua presença.

Comece a abordar as questões que o preocupam em seu relacionamento com essa pessoa. Fale de modo franco e autêntico, expressando por inteiro os seus sentimentos. Essa é a sua oportunidade de falar abertamente a respeito de áreas negligenciadas ou que representam tabus em seu relacionamento.

Se mencionar um acontecimento do passado que queira solucionar, você talvez prefira discorrer sobre o que aconteceu, o que ele o fez sentir na ocasião — e o que ainda sente — como aquilo o afetou e o que espera que a pessoa faça a respeito no momento presente. Para melhores resultados, evite culpar, manipular ou exigir. Contudo, sinta-se livre para expressar sua raiva, mantendo-se consciente das sensações em seu corpo. Faça isso tão direta e claramente quanto puder. Essa expressão de sentimento destina-se à sua própria cura, e não tem por meta provocar reações na outra pessoa.

A seguir, deixe que a outra pessoa responda. Ouça cuidadosa e respeitosamente. Deixe o diálogo e o contato desenvolverem-se espontaneamente; não interfira. Você poderá descobrir que a outra pessoa está agindo de forma diferente da que sempre agiu. Não impeça que isso aconteça. Perceba sua própria resistência a maneiras novas, não-familiares de se relacionar. Você poderá não compreender o que está sendo dito. É possível que ocorra uma comunicação não-verbal; ou o silêncio. Outras coisas podem começar a acontecer. A pessoa — ou o seu guia — talvez queira mostrar-lhe algo. Esteja receptivo a quaisquer imagens que apareçam. Estas podem lhe dar a impressão de ser absurdas, perturbadoras, ou deixá-lo confuso, porém confie em que a imaginação o estará levando para onde deve ir, com a finalidade de curá-lo. Ao nos voltarmos para a imaginação, obtemos acesso a um conhecimento muito maior do que nossa mente consciente pode entender.

Para uma compreensão mais profunda das percepções e sentimentos do membro de sua família quanto ao relacionamento de ambos, você poderá colocar-se no lugar dessa pessoa, entrar em seu corpo. Observe o mundo pelos olhos dela. De que modo você foi magoado? Em que grau se esforçou para melhorar esse relacionamento? O que você quer da pessoa (você, em seu próprio corpo) que tem diante de si? O que quer dizer a ela? Deixe que o diálogo se estabeleça entre você, no lugar da outra pessoa, e você mesmo, ao se relacionar com ela.

Você poderá perceber que seu encontro começa a se deslocar dos assuntos pessoais para considerações de caráter mais anímico. Isso não surpreende, pois a imaginação é território da alma e, como Thomas Moore destaca, relacionamentos, particularmente os mais complexos, podem levar a alma a se revelar. Ele escreve: "Embora possamos pensar que nossas emoções fortes concentram-se nas pessoas à nossa volta, estamos sendo colocados face a face com a própria divindade, como quer que compreendamos ou falemos sobre esse mistério" (Moore, p. 257).

Quando seu encontro com o membro da família estiver chegando ao fim, despeça-se. Se ainda sentir que o diálogo não está completo, informe à pessoa que você a encontrará novamente em imaginação. Observe seu parente partir, plenamente consciente de tudo o que estiver acontecendo em seu interior. Depois, passe algum tempo sozinho em seu local de cura imaginário, refletindo sobre o que ocorreu e sobre o que sente nesse momento. Como seus sentimentos mudaram com relação a essa pessoa? Relaxe e absorva o poder terapêutico desse local: em sua imaginação, deite-se na grama, banhe-se numa queda-d'água ou fonte, nade no mar, deite-se numa cama quente e macia ou festeje com uma boa refeição.

Quando abrir os olhos, registre essa experiência em seu diário para poder integrá-la melhor. Nos dias e semanas que se seguirem, observe quaisquer mudanças que se manifestem em seu relacionamento. À medida que for superando as barreiras interiores, que impedem a mudança e a transformação, você poderá descobrir que se sente e está se relacionando de maneira diferente com a pessoa. Investigue caminhos que possa tomar para fortalecer essas mudanças. Talvez você opte por falar diretamente com a pessoa a respeito de algumas das questões de que tratou em sua imaginação. Mais uma vez, não faça suposições quanto às reações que ela terá devido a esse diálogo. Esteja aberto e receptivo.

Na ocasião em que Liana tentou esse exercício pela primeira vez, durante uma sessão de terapia, ficou surpresa com a intensidade da raiva que sentiu e expressou com relação à mãe. Falou sobre mágoas e decepções que nunca havia mencionado antes. Ela estava lançando mão dos direitos que Satir identifica como essenciais para relacionamentos familiares saudáveis: o direito de dizer o que pensava e sentia e o de assumir riscos por si mesma. No exercício, a mãe dela simplesmente escutou; não a interrompeu, chorou ou se justificou. Acenou e ouviu atentamente, como se compreendesse. Percebendo que a mãe havia escutado o que dissera, Liana sentiu tanto amor e ternura após o encontro interior de ambas, que se aproximou da mãe e a abraçou. Enquanto mantinha a mãe junto de si, podia sentir o coração desta batendo em uníssono com o seu.

Quando realizou esse mesmo exercício posteriormente, a mãe falou com ela, compartilhando as preocupações e dificuldades que havia sentido como mãe e esposa. Aquilo representou para Liana a abertura de um canal de comunicação, que lhe permitiu tomar o lugar da mãe e considerar o relacionamento da perspectiva desta. Liana compreendeu, então, o quanto a mãe a amava e se preocupava com ela. Tornou-se claro para ela que as mágoas sofridas pela mãe na infância haviam-na bloqueado emocionalmente, tornando difícil para ela expressar amor sem narcisismo ou crítica.

Exercício 2

Um encontro exterior

Uma vez que tenha praticado a comunicação interior, a ponto de sentir-se confiante e compassivo, você poderá passar para a comunicação exterior. Primeiro, avalie se está preparado, respondendo às seguintes perguntas:

- Tenho certeza do que quero neste relacionamento?
- Ainda me sinto muito perturbado com os problemas que abordei ao usar a comunicação interior?
- Sou capaz de falar com franqueza e ouvir respeitosamente?
- Estou preparado para aceitar as opiniões da outra pessoa?

Passe algum tempo refletindo sobre as dificuldades que você tem com o membro de sua família. Pergunte a si mesmo: "Que problemas, passados ou presentes, estão impedindo um relacionamento aberto, íntimo e baseado no respeito? Como encaro esses problemas? O que quero? O que eu gostaria que mudasse? Qual foi meu papel nisso tudo?"

Depois, defina o momento de falar com a pessoa, não em sua imaginação, mas frente a frente. Quando se sentarem juntos para conversar, deixe sua intenção clara. A pessoa se esforçará para cooperar se conhecer os benefícios que essa conversa poderá trazer para ambos. "Espero conseguir ter um relacionamento mais próximo com você, porém estes são os problemas que estão interferindo... É devido ao meu amor por você e a esperança que tenho de estabelecer um relacionamento mais saudável que estou conversando com você agora." A seguir, concentre-se num acontecimento ou questão, abrangendo os três pontos importantes:

1. Foi isso o que aconteceu.
2. Isto foi o que senti naquele momento.
3. Isto é o que quero de você agora.

Peça à pessoa que simplesmente ouça enquanto você fala a respeito desses três aspectos do problema, sem responder, concordar ou discordar. Abstendo-se de criticar ou culpar, exponha a questão, tentando ser tão claro, breve e específico quanto possível. Fale sobre sua própria experiência e sentimentos, usando o pronome "eu" em suas afirmações o maior número de vezes que conseguir.

Depois, peça à pessoa que reflita sobre o que você disse, para que ela se certifique de ter recebido sua mensagem de forma precisa e inequívoca.

É importante compreender que essas conversas podem de fato abrir vias de acesso, mas, também, que mudanças substanciais num relacionamento devem resultar de uma avaliação cuidadosa, composta de pequenos passos e de declarações e atitudes claras e coerentes. Um único diálogo não irá necessariamente criar mudanças duradouras; uma atitude coerente, sim. Com essa disposição, depois de se certificar das questões de que pretendia tratar, Liana teve várias conversas com a mãe, baseando-se nas orientações descritas anteriormente. Foi capaz de comunicar suas preocupações sem culpar ou intimidar a mãe.

Em nossas conversas, conseguimos tratar de problemas do nosso relacionamento que estavam me incomodando, particularmente aqueles que se originaram em minha infância. Ao falarmos abertamente uma com a outra, comecei a vê-la como pessoa e não apenas como minha mãe. Compreendo agora o quanto eu a limitava ao papel de mãe. Uma vez que ela constantemente não correspondia ao meu ideal de figura materna, eu sentia ressentimento e raiva com relação a ela, por não ser perfeita. Quando fui capaz de encará-la como um ser humano, que tinha lutado suas próprias batalhas e crescido como mãe, nós pudemos ter algumas conversas interessantes sobre o casamento dela, a situação das mulheres na época em que eu era criança, e como essas questões sociais mais amplas haviam-na afetado como mãe. Pude ver minha mãe como um ser humano e isso me ajudou a sentir compaixão e compreensão com relação a ela. Compartilhamos nossas lutas humanas e não somente nossos conflitos como mãe e filha.

Carl Jung escreveu certa vez que, até encararmos nossos pais como pessoas, com suas próprias mágoas, limitações e falhas, não seremos capazes de amadurecer. Quando conseguimos perdoar nossos pais como seres humanos, estamos aptos a esquecer o passado e aceitá-los sem tentar mudá-los. Liana descobriu que essa nova compreensão e compaixão pela mãe permitiu a manifestação de um relacionamento mais profundo e saudável entre elas.

Muitos percebem que parte da melhora na qualidade do relacionamento com o pai ou com a mãe que ainda estão vivos exige uma separação entre suas expectativas e os inevitáveis desapontamentos que a vida lhe reservou. No âmago de cada um de nós, temos uma imagem de quem queremos que nossos pais sejam; essas imagens geralmente têm uma origem arquetípica. Pais de carne e osso não podem jamais corresponder a essas imagens, mas nossas expectativas e esperanças com freqüência nos tornam cegos para essa realidade. Ao começarmos a reconhecer o relacionamento como ele se apresenta, podemos vir a apreciar o que os nossos pais nos deram e a aceitar o que não deram.

A propósito, se o membro de sua família não estiver disposto a aceitar seu convite para dialogar, considere a possibilidade de lhe escrever uma carta. Essa pode ser uma forma não ameaçadora de aproximação, dando ao destinatário tempo para absorver seu conteúdo, sem se sentir pressionado a responder imediatamente. Nesse intervalo, ao continuar seu trabalho com a comunicação interior, você poderá se colocar em condições de tornar seu parente mais receptivo ao diálogo; essa prática também o ajudará a se reconciliar com o relacionamento como ele se apresenta.

EXERCÍCIO 3

Quando um membro da família está à beira da morte

Novas responsabilidades e papéis com freqüência se apresentam numa família, quando um de seus membros se aproxima da morte. Como resultado dessa situação, ressentimentos podem aflorar, no que se refere a contribuições de tempo, energia e dinheiro. Encontros regulares entre os membros da família, durante todo o transcorrer da doença e, periodicamente, durante os meses de luto, serão úteis para se discutir e solucionar problemas, dividir responsabilidades e explorar novos papéis. O seguinte exercício irá ajudá-lo a manter os canais de comunicação desobstruídos.

Estabeleça um ritmo regular para os encontros entre seus parentes, designando uma pessoa, de preferência uma pessoa diferente a cada reunião, para cuidar da duração do encontro e procurar manter a conversa dentro do tema que você propôs. Use um "bastão de diálogo" — uma varinha, pedra, flor ou um outro objeto — passando-o para cada um dos participantes, quando chegar o momento de tomarem a palavra. Quem estiver com o bastão poderá expressar-se sem ser interrompido, enquanto os outros ouvem com a máxima atenção. Dessa forma, cada pessoa manterá as demais atualizadas quanto ao que ela estiver passando desde o último encontro.

Revise as questões que foram discutidas na reunião anterior. Quais foram as decisões postas em prática e quais não chegaram a ser? Há ainda algum sentimento não-resolvido a respeito das questões debatidas?

Anote os problemas que são fontes de preocupação no presente.

Peça o empenho dos seus parentes para que vocês cheguem a possíveis soluções e estratégias. Nessa fase, é importante não comentar ou julgar quaisquer idéias que surgirem. Simplesmente, anote-as por escrito.

Procure o consenso quanto a uma estratégia para cada questão, distribuindo responsabilidades entre os membros da família com relação às tarefas a ser executadas.

Percorra todo o círculo de pessoas, de maneira que todas elas possam expressar gratidão ou admiração pelos outros membros da família presentes.

Estabeleça uma data para a reunião seguinte. Depois, encerre o trabalho com uma oração, uma bênção, um poema ou uma canção. Os membros da família podem se revezar, contribuindo com idéias para o encerramento do encontro.

Uma vez que a morte de um membro da família causa uma considerável pressão sobre os outros familiares, desacordos e conflitos comumente tendem a ocorrer, embora, geralmente, sejam inesperados. Quando a comunicação exterior é interrompida, você pode usar a imaginação para encontrar a pessoa que está à morte num local de cura, e falar-lhe sobre os problemas que vêm dificultando o relacionamento. As técnicas de comunicação interior poderão auxiliá-lo a superar questões difíceis e a eliminar antigas mágoas. Ao fortalecer a imaginação, você irá aumentar sua habilidade para ter acesso aos pensamentos e sentimentos de outras pessoas, promovendo, dessa maneira, compaixão e respeito pelas diferenças, e criando uma comunicação exterior transparente e eficaz entre os membros da família.

Capítulo 8

Comunicação com o parceiro

A doença e a morte de um membro da família podem exercer uma enorme pressão sobre um casamento ou relação afetiva, criando novas exigências, em termos de tempo, atenção e despesas. Enquanto um dos parceiros atende à pessoa que se aproxima da morte, o outro poderá se sentir abandonado e deixado de lado. Por sua vez, aquele empenhado no esforço e no trabalho reagirá, sentindo-se abandonado e incompreendido.

Quando a pessoa morre, embora o casal espere alívio das tensões que vinham incidindo sobre o casamento, ele poderá descobrir que estas foram substituídas por todo um novo conjunto de pressões. Como indiquei anteriormente, a época de luto causado pela morte de um ente querido é cheia de emoções fortes e instabilidade. Exausto após um período prolongado de cuidados com o pai ou a mãe que faleceu, o filho adulto poderá agora sofrer ainda o *stress* de ajudar os demais membros da família, que também estão sofrendo. Resta-lhe, em geral, pouca energia para dedicar ao cônjuge.

Além disso, o parceiro que está "fora do problema" poderá sentir-se profundamente perturbado pela intensidade da dor do outro. Particularmente, se ele não teve ainda a experiência da morte de um membro da própria família, talvez simplesmente não consiga compreender a intensidade da emoção do cônjuge. O parceiro conjugal que não está passando pela situação de grande sofrimento poderá observar rápidas mudanças no companheiro; estas o confundem e mesmo alarmam, fazendo-o perguntar: "Quem *é* esta pessoa? Parece uma estranha e não, absolutamente, a pessoa com quem me casei." Não obstante, mudanças num dos cônjuges criará a necessidade de fazer alterações no relacionamento, esteja ou não o outro disposto a isso. Compreensivelmente, a exigência de realizar mudanças poderá desencadear ressentimentos no parceiro.

Além disso, parceiros podem lidar com esse tipo de pressão de formas diferentes, devido a diferenças culturais, condicionamentos familiares ou ordem de nascimento. Portanto, os efeitos da morte geram uma espiral ascendente, sendo comuns os desentendimentos.

Com grande freqüência, entretanto, em meio à perda familiar, os casais tendem a minimizar a extensão do *stress* que afeta o relacionamento. Eles podem até mesmo não reconhecer que a escalada de conflitos ou tensão tem sua fonte subjacente na dor. Isso é principalmente verdadeiro nos meses de sofrimento, após a crise imediata da doença e da morte ter passado. No primeiro momento, os que estão pranteando a morte do parente querido sentem-se pressionados por seu parceiro, pelos amigos e por outros membros da família a sair rapidamente desse estado e prosseguir com sua vida. Contudo, o processo do sofrimento continua, abalando relacionamentos e iniciando intensas mudanças.

Como Sobreviver à Turbulência

Como reação às mudanças apresentadas pela pessoa que está sofrendo, muitos parceiros, em relacionamentos íntimos, podem passar por um período de turbulência. Assim como em outras áreas da vida, durante esse período, questões que se encontram em ebulição sob a superfície podem vir à tona; concessões que foram toleradas por anos a fio podem subitamente tornar-se insuportáveis. Ambos os cônjuges talvez observem padrões negativos no relacionamento com uma clareza cada vez maior; em particular, é provável que o parceiro enlutado passe a tolerar esses padrões menos do que antes. Em alguns casos, o casal se vê separado por verdadeiros abismos, e acaba rompendo sob essas novas pressões. Muitos de meus clientes têm confirmado que a falta de apoio por parte do companheiro, durante um acontecimento de tal amplitude e dificuldade, tornou-se um fator fundamental em sua decisão de terminar um casamento ou relacionamento.

Para que um casamento ou parceria possa sobreviver a esse período de dificuldades, a comunicação desempenha um papel crítico. Como no caso de Liana e do marido, muitos casais descobrem que no momento em que mais precisam, são incapazes de dialogar um com o outro de forma significativa e que exteriorize apoio mútuo. No início de um relacionamento, a maioria dos parceiros sente que lhe é possível conversar livre e honestamente com o companheiro. Entretanto, com o passar do tempo, mágoas e mal-entendidos vão se acumulando; expectativas não-realistas geram decepções. Com tantas coisas em jogo, os parceiros tendem a ocultar sua vulnerabilidade e necesssidades, mascarando a raiva e evitando discutir questões mais delicadas. Sentimentos não expressos, todavia, encontram vias distorcidas de manifestação; por exemplo, em explosões de ira, brigas que se repetem e comentários sarcásticos ou depreciativos. A falta de comunicação torna-se crítica quando um ou ambos estão sofrendo e precisam desesperadamente da compreensão e do apoio do outro.

As técnicas de comunicação interior podem ser bastante eficazes na superação de padrões prejudiciais ao diálogo e na solução de antigas mágoas que ainda afetam o relacionamento. Os exercícios propostos no Capítulo 4 são úteis nesse sentido; da mesma forma, escrever cartas — você escreve para seu parceiro e elabora uma resposta, tudo isso sem enviar as cartas — é um meio para se trabalhar com sentimentos difíceis, evitando-se confrontos. Recomendo que se use o formato descrito por John Gray em *Men Are from Mars, Women Are from Venus*. O autor sugere que primeiro você escreva uma carta de amor, expressando seus sentimentos de afeição, assim como raiva, tristeza e arrependimento quanto à sua relação com o parceiro. Escreva-a como se este estivesse aberto para ouvir o que você tem a lhe dizer. A seguir, elabore uma resposta, uma carta que contenha o ponto de vista de seu companheiro. Inclua nela qualquer coisa que queira ouvir dele, no que se refere ao reconhecimento, compreensão e apoio. O ato de escrever essas cartas lhe dará a oportunidade de expressar o que pensa, sente e deseja. Você aprenderá, ainda, a ouvir a si mesmo, uma vez que estará escrevendo para você uma carta de aceitação e de reconhecimento. Quando estiver preparado não somente para exprimir-se, aberta e honestamente, mas também para honrar aquilo que foi expresso, será muito mais provável que se sinta compreendido e amparado pelo seu companheiro. Embora o exercício não o exija, você poderá, na verdade, mostrar essas cartas ao seu cônjuge, o que fará com que este compreenda melhor as suas necessidades.

Uma vez que tenha verbalizado sentimentos não expressos e adquirido mais compreensão e compaixão, a troca de cartas entre os parceiros poderá ser útil no restabelecimento da confiança e da intimidade. A elaboração e o real envio de cartas, um para o outro, auxiliará cada um dos cônjuges a examinar e exteriorizar sentimentos e preocupações de maneira segura. Receber as cartas também será benéfico para os parceiros, pois eles conseguirão assimilar e refletir sobre os interesses do outro, sem a pressão representada pela exigência de uma resposta imediata. Isso dará ao casal as informações necessárias, indicando-lhe as áreas do relacionamento em que é preciso efetuar mudanças. Então, cada um poderá ler e refletir sobre o que foi escrito, compreender o que é importante para o outro e decidir o que ele ou ela está em condições de fazer para apoiar a outra pessoa.

O exercício a seguir aplica-se a ambos os parceiros.

Exercício 1
O sofrimento é expresso

Escreva uma carta para o seu companheiro, focalizando seu sofrimento, como ele afetou você e mudou seu relacionamento. Vá para um outro quarto e escreva suas cartas, sendo tão franco e aberto quanto puder. Concentre-se em seus sentimentos e preocupações. Se você for o parceiro que está de luto, expresse sua experiência com o sofrimento: o que tem sido difícil para você? Quais são seus receios? O que quer agradecer ao seu companheiro? O que o fez sentir-se ressentido ou arrependido? O que espera de seu parceiro? Sente que ele o tem apoiado? Caso contrário, o que ele poderia fazer para demonstrar mais apoio? Sua dor lhe proporcionou novas percepções ou mais entendimento? Quais são os padrões em seu relacionamento que você vê mais claramente agora? Que mudanças gostaria de realizar em seu relacionamento?

Se você for o parceiro que não está passando pela fase de luto, escreva sobre como tem sido para você viver com uma pessoa que atravessa essa fase: o que tem se mostrado difícil ou desafiador para você? Como tem se sentido a respeito das mudanças que observou em seu companheiro? Sentiu que foi deixado de lado ou abandonado? Sente que seus esforços para apoiar seu cônjuge ao longo da crise têm sido reconhecidos? O que você agora agradece, teme ou lamenta? O que quer de seu cônjuge? Como encara o futuro?

Em ambos os casos, escreva como se seu companheiro estivesse ouvindo com amor e compreensão. Assuma o risco de partilhar sentimentos e pensamentos que normalmente guardaria consigo. Tente concentrar-se em sua própria experiência e não culpar ou julgar o parceiro.

Quando os dois terminarem de escrever, troquem as cartas. Leia com cuidado a carta de seu companheiro, refletindo sobre o que foi expresso. Vocês poderão escrever as respostas ou sentar-se juntos para falar a respeito das mesmas.

Depois de ter escrito as cartas da maneira indicada, avalie sua disposição e aptidão para conversar com o parceiro, como o fez com membros de sua família:

- Sou capaz de falar com franqueza e ouvir respeitosamente?
- Sou capaz de compreender o ponto de vista da outra pessoa?
- Ainda me sinto perturbado pelas questões que abordei em minha carta?
- Está claro para mim o que quero em meu relacionamento?

Seis meses após o falecimento do pai de Liana, o casamento desta com Tim demonstrou ter sido afetado por um ano de negligência, falta de comunicação e emoções tumultuadas. Durante o ano anterior à morte do pai, Liana estivera freqüentemente longe de casa, cuidando dele. Embora Tim compreendesse a preocupação da mulher com o pai, sentiu-se rejeitado e abandonado. Suas esperanças de que o casamento voltasse ao normal depois da morte não haviam se realizado; a dor dela parecia interminável e sua intensidade geralmente oprimia Tim. Liana, por outro lado, sentia-se solitária e desamparada. Todas as vezes que tentava conversar com o marido sobre suas preocupações, acabavam discutindo; nenhum dos dois achava que era compreendido ou ouvido. Num esforço para restabelecer a comunicação, Liana e Tim concordaram em escrever cartas um para o outro.

Querido Tim,

Estes últimos meses têm sido muito difíceis para mim. Tenho me sentido solitária e oprimida pela dor. A morte de meu pai me afetou mais do que eu jamais poderia esperar. Devido ao sofrimento, fui forçada a questionar muitas coisas em minha vida, as quais anteriormente considerava indiscutíveis — incluindo nosso casamento. Tornou-se muito claro para mim o quanto nossa comunicação está prejudicada. Nos últimos anos, falávamos sobre nossos filhos, nossas contas e nossos empregos, porém evitávamos mencionar como nos sentíamos um com relação ao outro. Agora, evitamos falar a respeito de meu sofrimento.

Tenho desejado seu apoio. Nunca me senti tão só e tão confusa. E, no entanto, sempre que tentei conversar com você sobre o que estou sentindo, você parecia constrangido e distraído. Ressinto-me pelo fato de seu trabalho lhe tomar tanto tempo e atenção e de eu receber tão pouco. Lembro-me de sentir a mesma coisa quando era adolescente e procurava conversar com meu pai.

Preciso que me ouça — a respeito do que estou sentindo, das mudanças que vivi desde a morte de meu pai, das frustrações em nosso casamento. Sei que você poderá não compreender o que tenho passado, mas gostaria que ao menos tentasse. Sinto-me solitária quando estou com você. Quero me aproximar de você novamente!

Querida Liana,

Você parece tão distante ultimamente. Com freqüência, pergunto a mim mesmo: "Onde está a mulher com quem me casei?" Você costumava ser otimista e alegre. Sua mudança me desapontou e confundiu. Nosso casamento está diferente. Tudo parece sombrio e opressivo agora. Tenho me sentido desolado ao observá-la passar por tanto sofrimento desde que seu pai faleceu. Não sei como ajudá-la ou fazê-la sentir-se melhor. Vejo-me pressionado a agir, mas não consigo descobrir o que fazer ou dizer. De alguma forma, sinto que falhei com você. Preciso saber como posso apoiá-la, ajudá-la. Preciso saber que ainda se importa comigo.

Após trocarem essas cartas, Tim e Liana revelaram-se mais compreensivos. Tim percebeu que a única coisa que precisava fazer era ouvir. Foi uma revelação para ele não ter de fazer sua mulher sentir-se melhor. Depois de escrever a carta, Liana compreendeu que havia passado pelos mesmos sentimentos de abandono com relação ao pai, assim como agora ocorria com relação ao marido. Isso a fez pensar que uma parte da raiva e do desapontamento que sentia poderia representar uma transferência do relacionamento com o pai, quando ela era adolescente. Para analisar com mais detalhes essa possibilidade, Liana decidiu investigar seu relacionamento com pai, por meio da comunicação interior (ver Capítulo 4). Poucas semanas depois, Tim e Liana já se sentiam preparados para sentar-se ao lado um do outro e conversar sobre os problemas que haviam evitado anteriormente. Desta vez, eles conseguiram abordar questões que existiam no relacionamento e ouvir com respeito o que o outro tinha a dizer.

Conversas semanais constituem um importante componente do período de luto: encontros, em que cada um tem a oportunidade de colocar em palavras interesses, ressentimentos, reconhecimento e discutir o que vai bem ou não no relacionamento, buscando soluções para os impasses. Essas conversas podem aumentar a intimidade e proporcionar o espaço necessário, permitindo que os cônjuges explorem soluções criativas para novas exigências e problemas. Isso também impede que ressentimentos se acumulem. Em *The New Peoplemaking*, Virginia Satir escreveu: "Desde que um ser humano vem à Terra, a comunicação é o fator isolado mais importante para a determinação dos tipos de relacionamento que serão desenvolvidos com os outros e o que irá ocorrer com cada um deles no mundo" (Satir, p. 51).

Com o falecimento de um ente querido, muitas questões envolvendo o significado da vida podem subitamente interpor-se na vida diária: o que se deve fazer para morrer em paz, o que dá propósito e significado à vida; que esperanças, receios e sonhos acalentamos; o que significa viver de forma plena e autêntica; como nos relacionamos com o infinito. O filósofo Friedrich Nietzsche chamou o casamento de um supremo diálogo (Nietzsche, p. 59). Embora uma perda imponha enorme pressão sobre um relacionamento, com freqüência de forma brusca e inesperada, o fato de confrontar e reagir a essa grande crise permite o início de um diálogo que pode renovar e aprofundar o relacionamento e fazer com que ambos os parceiros amadureçam.

O Diálogo que Traz a Cura

Chris e Rebecca debatiam incessantemente questões que giravam em torno de significado e perda, enquanto pranteavam a morte dos respectivos pais. Ambos haviam falecido subitamente do coração, o de Rebecca dois anos antes que o de Chris. Como em geral ocorre, a primeira morte foi a mais difícil para o casamento porque Chris não compreendia, realmente, o que Rebecca estava atravessando. Com a segunda morte, a experiência compartilhada da perda os aproximou, ajudando-os a resolver mal-entendidos anteriores. O diálogo que se estendeu durante meses enriqueceu o relacionamento dos dois e os auxiliou no amadurecimento como parceiros num casamento. Abaixo, cito o relato de ambos a respeito dessa mudança interior profunda e produtiva.

> REBECCA: Depois que meu pai faleceu, Chris me deu um grande apoio, mas eu me sentia muito só. Foi a primeira vez que procuramos um conselheiro matrimonial. Era difícil para mim aceitar que Chris não pudesse perceber por que eu precisava dele. Recentemente, voltamos a falar sobre isso e eu lhe perguntei se, desde a morte de seu próprio pai, ele conseguia compreender melhor o que eu dizia naquela época. Chris me respondeu que sim. Até ter vivido a experiência, você simplesmente não sabe.

CHRIS: Com o falecimento de nossos pais, nós nos tornamos mais capazes de analisar a maneira pela qual queremos estar juntos. A vivência me proporcionou idéias muito mais claras do que pretendo para a minha vida agora e como espero que ela seja no futuro. Eu não costumava pensar freqüentemente sobre o futuro com Rebecca. A vida cotidiana era suficiente. Sempre usei o método de viver um dia de cada vez, no que se referia a manter meu compromisso e devoção. Agora a qualidade do relacionamento se transformou.

Passei por dois acontecimentos extremamente relevantes em minha vida na companhia de Rebecca: a morte de meu pai e o amadurecimento. Não sei como teria superado tudo isso sem ela. Em meus piores momentos, acho que não teria conseguido, mas em momentos de otimismo, considero-me feliz e afortunado por ter tido alguém para me ajudar a atravessar ambas as crises.

REBECCA: Isso nos aproximou ainda mais.

Ao apoiarem um ao outro quando da morte dos pais, Rebecca e Chris constataram que seu casamento se constituiu numa importante e criativa colaboração, que lhes permitiu atravessar grandes transições que a vida lhes apresentou. Começaram a encarar o casamento dentro de um contexto diferente, que exigia novas responsabilidades.

CHRIS: Foi uma época de amadurecimento. Percebi que não éramos mais crianças. Pertencíamos agora à geração representada por nossos pais. Quando passei a fazer parte da geração intermediária, que precisa cuidar das pessoas mais velhas e das mais novas, essa circunstância rompeu uma barreira para mim. Quando o pai de Rebecca faleceu, compreendi, pela primeira vez, uma das razões pelas quais as pessoas têm filhos. Percebi, abruptamente, o que significaria ser só.

Chris e Rebecca reconheceram o fato de que, em face da devastadora perda de um dos pais, a companhia e o apoio de um companheiro são inestimáveis. Cada um deles expressou fé na capacidade do parceiro de apoiar o outro no futuro. Todos os cônjuges se perguntam se o parceiro estará realmente por perto num momento de grande crise; a morte de um dos pais pode ser o primeiro teste nesse sentido. Se o companheiro passar nesse teste, a confiança no relacionamento aumentará bastante, podendo ajudar o casal a superar os desafios e as perdas da meia-idade.

O Impacto Positivo de uma Morte

Depois da morte de um ente querido, os cônjuges provavelmente considerarão o casamento com muito maior seriedade. Perceberão, de forma concreta, que o tempo é limitado, a vida preciosa e o amor mais importante do que qualquer outra coisa. Com essa consciência, muitas pessoas decidem desafiar os condicionamentos que os impedem de ter relacionamentos mais afetuosos, de dar e receber o apoio que ambos desejam e merecem.

O falecimento dos pais de Robin impeliram-na a reavaliar sua visão do casamento e do relacionamento — versões que havia herdado dos pais.

Não tive apenas que enterrar essas duas pessoas que me criaram e protegeram, e que estiveram comigo a cada minuto da minha vida na Terra. Enterrei minha infância e todo o sentido de ligação com seres humanos que tinham uma história da qual eu também participara. Eu também enterrei o casamento de meus pais. A morte deles me ajudou a ver quem eles eram como pessoa; como se relacionavam um com o outro, de que maneira minha mãe se via como mulher, de que maneira meu pai a via como mulher. Comecei a diferenciar os conceitos que eu havia herdado deles dos meus próprios.

Como os comentários de Robin demonstram, a morte de um dos pais pode aumentar drasticamente a percepção do condicionamento paterno e materno, e seu efeito sobre o casamento da pessoa que passa pela perda. As expectativas dos pais, assim como as dificuldades e padrões que permearam o relacionamento deles têm o poder de influenciar inconsciente e insidiosamente a formação de padrões semelhantes no casamento ou nos relacionamentos íntimos dos filhos. Pode ser um choque terrível despertar e ver claramente como uma pessoa se tornou parecida com os pais, a despeito dos esforços que fez para que isso não acontecesse. A separação definitiva de um dos pais, devido à morte, poderá libertar o filho adulto, permitindo-lhe desafiar os condicionamentos que estabeleceram um modelo para seus relacionamentos.

O período que sucede a morte de um dos pais pode se tornar uma época muito fértil, no que se refere à obtenção e avaliação de informações sobre a história da família, por meio do pai ou da mãe que ficou e de outros parentes. Ao procurar conhecer sua história, você poderá tomar consciência de certos temas ou padrões que vêm se estendendo por várias gerações. Você observa padrões no relacionamento de seus pais que são semelhantes aos que imperam no seu próprio casamento ou relacionamento íntimo? Seus avós ou bisavós lutaram com as mesmas questões que você enfrenta no momento presente? Você quer manter esses padrões em sua vida?

Os padrões familiares continuam a ser transmitidos de geração em geração, até que um membro da família comece a se questionar: "Isto é, na realidade, apropriado ou saudável para mim? É o que de fato quero em minha vida ou em meus relacionamentos?"

Use a comunicação interior para analisar padrões e condicionamentos que afetaram cada geração. Escreva uma carta para um membro da família já falecido, expressando seu interesse a respeito de questões com as quais ele se debateu e que você se vê enfrentando atualmente. Você poderá também escrever a resposta que seria dada pelo seu parente.

180   *Alexandra Kennedy*

Serafina observou um padrão perturbador de opressão sexual que afetava as mulheres do lado materno de sua família. Como mãe de duas filhas, ela se sentiu impelida a romper esse ciclo. Numa carta, dirigiu-se à avó, pedindo-lhe orientação, conselho e apoio. O amor da avó a havia acalentado durante toda a infância, e Serafina sentiu que esse amor poderia ajudá-la agora a enfrentar uma questão familiar constrangedora.

Querida vovó,

Ao começar esta carta, lágrimas turvam meus olhos e os músculos de meu peito se contraem. Sinto tanto a sua falta. Você era uma pessoa tão afável e delicada, num mundo cheio de dor e confusão. Quando parecia que toda a minha família estava contra mim, você me tomava nos braços amorosamente. Só você me via como uma pessoa especial.

Estar em sua presença era como uma dádiva de Deus. Eu me sentia segura e amada. Tenho de admitir, entretanto, vovó, que não gostava muito do vovô. Ele me assustava. Parecia mau e quando nos abraçava, nos segurava durante um longo tempo e com muita força. Sinto-me envergonhada por admitir, mas fiquei quase contente quando ele morreu. É estranho, porém ninguém mais parecia estar desolado. Não me lembro de ver minha mãe chorar.

Eu amava a grande casa verde e branca onde você morava. Ela sempre foi um mistério para mim. Fazia-me imaginar o que se passava naquela casa de três andares, com sete crianças dentro. O que você pensava do vovô como marido/pai? Gostaria que pudesse me contar algumas histórias sobre minha mãe.

O quarto dela ficava no andar de cima. Ela não parecia gostar de visitar seu velho quarto e eu também não. Por quê? O que aconteceu? Mamãe diz possuir vagas lembranças de ter sido sexualmente molestada pelo vovô. Alguma vez você foi molestada? Por que sua mãe, que morava do outro lado da rua, não falava com você? Ouvi dizer que ela não gostava do vovô. Isso era verdade? Por que ela não gostava do vovô?

Depois da morte do vovô, sua energia tornou-se mais leve. Mesmo assim, havia tristeza em seus olhos castanhos, tom de chocolate. Uma tristeza que falava de longos anos de opressão. Sei que soa estranho, mas sinto como se você e todas as minhas ancestrais maternas contassem comigo para acabar com essa opressão. Isso é tão difícil. Quando você faleceu, senti-me completamente só; parecia que uma rede de segurança, estendida sob meus pés para me amparar, havia sido removida. Eu tinha apenas 14 anos e era, eu própria, vítima de opressão.

Vovó, quero somente que saiba que estou enfrentando essa situação. Vou mudar a história da nossa linhagem. Tenho duas filhas agora, e depende de mim quebrar o ciclo. Não permitirei que a opressão continue por mais uma geração. Sua tristeza é a minha força. Sei que está comigo, guiando-me, dando-me coragem, amando-me.

Cerca de um ano atrás, senti sua presença de maneira tão forte, que me vi induzida a erigir um altar em sua memória. Desde sua morte, passei por várias mudanças. Casei-me aos 20 anos e tive duas filhas logo depois. Ao contrário dos demais membros da família, consegui cursar uma faculdade e atualmente estou me preparando para o mestrado. Difícil como foi e continuará sendo, consegui me libertar um pouco da opressão que tiranizou as mulheres desta família durante séculos. Espero que você possa perceber isso também. Neste momento, sou capaz de aceitar sua morte como parte de um ciclo contínuo de vida e, embora sinta muita saudade de você, sei que as coisas são como deveriam ser.

Com amor e gratidão,
Serafina

Entrar em comunhão com a avó por meio dessa carta ajudou Serafina a entrar em contato com sua própria força interior. Ela tomou a decisão de se tornar um instrumento de mudança no sistema familiar: "Não permitirei que a opressão continue por mais uma geração. Sua tristeza é a minha força. Sei que está comigo, guiando-me, dando-me coragem, amando-me."

Ray, cuja carta ao pai aparece num capítulo anterior deste livro, observou que estava vivendo o relacionamento com seu parceiro da mesma forma que seu pai havia vivido com sua mãe:

A morte de meu pai me fez compreender que eu estava conduzindo meu relacionamento com meu parceiro exatamente como ele o havia feito com minha mãe: não balance o barco, apenas vivam a vida, lado a lado, mas nunca questionem ou esperem alguma coisa do outro. Tanto o meu parceiro quanto o dele eram obcecados com o próprio trabalho.

A conscientização de padrões familiares inadequados pode ser dolorosa, porém esse sofrimento se constitui, potencialmente, num forte motivador de mudanças. Quando nos decidimos a realizar tais mudanças, uma grande resistência poderá se fazer sentir, não apenas dentro de nossa família, mas também em nosso âmago. Sentimentos de medo e solidão, em geral, acompanham o rompimento de um padrão profundamente entranhado na história da família. Contudo, a morte de uma pessoa querida poderá ser justamente o momento oportuno para se neutralizar essa inevitável resistência.

À medida que aprofunda e transforma o relacionamento com um companheiro através da comunicação — tanto interior quanto exterior —, você irá perceber que uma parceria íntima não é somente a união de duas pessoas, mas a misteriosa formação de uma terceira entidade, em si maior do que qualquer uma das duas pessoas pode ser separadamente, convidando ambas a crescer e a se expandir para além de suas limitações individuais.

Capítulo 9

Contato com os filhos

A perda de um ente querido pode tornar mais profundo o apreço dos pais pelos filhos, mesmo que considerem impossível amar os filhos mais do que já amam. Muitos pais, depois de passarem por uma perda, não somente valorizam mais o tempo que têm para estar na companhia dos filhos, mas também sentem uma nova urgência em melhorar a qualidade de sua atuação como pais. Um de meus clientes relatou, seis meses depois da morte da mãe: "Meu relacionamento com meus filhos é tão mais importante para mim... Agora percebo que meu tempo com eles irá se esgotar rapidamente; senti um grande impulso de me comprometer a melhorar a qualidade do tempo que passo com eles, expressando minha estima por eles como pessoas e tentando superar as mágoas que causei em nosso relacionamento, devido ao meu próprio condicionamento e negligência. Tenho analisado todas as maneiras pelas quais meu comportamento como pai nos afastou em vez de nos aproximar."

No período que se segue à perda, portanto, a pessoa poderá ser levada a avaliar seu papel de pai ou mãe. Observando como seu comportamento foi influenciado pelos conselhos e compromissos de seus próprios pais, o pai ou a mãe poderá começar a definir sua função enquanto pais, a partir de seus próprios valores e padrões.

Desapego

O papel de pai ou mãe envolve uma delicada alternância entre ligação íntima e separação. Como reação à perda de um membro da família, podemos tender a nos apegar mais a nossos filhos. Entretanto, assim como acabamos por nos desapegar de uma pessoa querida que faleceu, devemos também aprender a libertar nossos filhos. Lembrandonos de nossos próprios esforços para nos separar de nossos pais, poderemos apreciar o empenho dos filhos para se separar de nós. Temos de afrouxar os laços para que eles possam viver a vida deles.

Acontecimentos naturais representam uma importante contribuição ao processo de libertação. A perda de um membro da família pode nos ajudar a encarar e a respeitar uma criança como pessoa, e não como uma extensão de nós mesmos ou de nossa família. Muitos pais, inconscientemente, querem realizar suas próprias ambições e sonhos através dos filhos. Essa foi a razão por que Carl Jung escreveu que a vida não-vivida pelos pais transforma-se no maior ônus de um filho. Todavia, o despertar para a própria vida, que costuma ocorrer depois da perda de um dos pais, pode, na realidade, libertar os filhos, tornando-os independentes para ser eles mesmos e explorar seus próprios e insubstituíveis caminhos.

Considerem Jacqueline, que lutou contra a natureza irrequieta da filha, desde o momento em que esta nasceu. Jacqueline havia sido condicionada para se comportar como uma "boa menina", e inconscientemente esperava que a filha, muito rebelde, obedecesse às mesmas normas. Porém, quando sua mãe faleceu, Jacqueline sentiu-se livre para analisar sua própria rebeldia; como resultado, começou a respeitar e a apreciar essa qualidade na filha. Isso alterou o relacionamento de ambas. Subitamente, ela pôde relaxar e desfrutar da companhia da filha.

A constelação toda move-se numa direção diferente. O mito de meus pais quanto a ser bom — não exigir muito, esperar o melhor e depois encolerizar-se em segredo caso não se consiga o que se quer — mudou. Agora, há um espaço em branco para que essa história seja reescrita. Mostrar-se agradável não é uma das lutas de minha filha, nunca foi e nunca será. Minha mãe tentou domar meu espírito. Eu não era uma boa menina, com fitas no cabelo, e não podia sê-lo. Minha filha também não é. Posso ajudá-la a desenvolver muito mais sua força.

A Integração da Verdade

Assim como a morte numa família pode afetar a percepção dos pais em relação aos filhos, ela pode alterar a perspectiva de um filho sobre a vida e a morte. Quando isso ocorre, é importante que o relacionamento pai/filho sirva como um santuário para o filho, onde este poderá analisar e integrar novas percepções. Ao presenciar a morte de um membro da família ou a dor de um dos pais, os filhos ficam assustados diante da possibilidade de outros membros da família também falecerem. Uma menina de quatro anos, que assistiu à morte do próprio pai e a de um amigo da família, perguntou: "Por que acontecem tantas mortes? Eu vou morrer? Você vai morrer?" É necessário prestar atenção às preocupações dos filhos e dispor-se a analisar suas perguntas.

O primeiro contato de uma criança com a morte geralmente é acompanhado por um período de melancolia e instabilidade, enquanto o jovem indivíduo se esforça para assimilar a idéia de que entes queridos de fato morrem. Nos meses que se seguiram à morte de meu pai, meu filho de seis anos e eu tivemos várias conversas, na hora de dormir, sobre suas preocupações com a morte. Algumas de suas perguntas foram difíceis de enfrentar, por exemplo: "O que vai acontecer comigo quando você morrer? Quem tomará conta de mim? Posso morrer antes de você?" Suas lágrimas me partiam o coração. Contudo, pelo reconhecimento de seus receios, da análise de suas perguntas e da aceitação do mistério da morte junto com meu filho, pude perceber que se desenvolveu nele uma gratidão maior pela preciosidade da vida. Eram visíveis para mim, também, sinais sutis de que ele estava começando a admitir a morte como uma parte natural do ciclo da vida. Após o lançamento de meu livro *Losing a Parent*, ele me abraçou e me disse com grande confiança e entusiasmo: "Mamãe, você vai ficar tão orgulhosa de mim. Quando você morrer, eu vou escrever *Losing a Parent Part II*!" Aquilo me deixou um pouco perplexa, mas agradavelmente surpresa. A consciência da fragilidade da vida e da certeza da morte podem fazer com que os pais apreciem o relacionamento com os filhos — e os filhos com os pais — ainda mais do que antes.

Crianças pequenas com freqüência têm dificuldade para explicar aos pais o que as perturba a respeito da morte de alguém próximo a elas. O exercício seguinte dará às crianças oportunidade de confrontar seus problemas numa linguagem simbólica e de obter ajuda e orientação por meio de imagens. Elas poderão expressar seus sentimentos e preocupações às pessoas e animais que encontram em sua imaginação, dialogar e aprender com eles novas maneiras de lidar com esse tema.

Exercício 1

A criação de um conto de fadas

Organize um conjunto de cartões com nomes de lugares, seres e objetos mágicos, pessoas e animais mencionados a seguir (consulte os diferentes grupos para sugestões). Depois, coloque esses cartões virados para baixo em pilhas, uma para cada categoria. Escolha um momento, por exemplo, a hora de dormir, e crie um ambiente propício para histórias. Assegure-se de que não será interrompido. Feche a porta, acenda uma vela, reúna brinquedos especiais ao redor da cama. Sugira a seu filho que escolha, ao acaso, um cartão de cada uma das cinco pilhas. Lendo cada um deles em voz alta, ponha os cartões escolhidos diante de ambos.

Peça a seu filho para começar com a abertura mágica, "Era uma vez", e lhe contar uma história de fadas que contenha essas cinco palavras. Incentive-o a usar as palavras em qualquer ordem e acrescentar quaisquer outras que desejar. Se seu filho demonstrar dúvida quanto a ser capaz de criar um conto de fadas, afirme que este, uma vez começado, logo estará contando a si mesmo.

Uma criança mais velha talvez prefira escrever o conto de fadas em vez de narrá-lo em voz alta. Nesse caso, um de vocês poderá lê-lo para o outro.

Quando o conto estiver terminado, peça a seu filho para dar um título a ele. Ele poderá, ainda, ilustrar o conto de fadas, criando um pequeno livro.

Passe algum tempo refletindo sobre o conto de fadas inventado por seu filho. Qual é o desafio ou teste central na história? Que forma a ajuda ou orientação tomou? Como o personagem central superou a adversidade e como foi fortalecido pelas provações? O conto de fadas reflete os conflitos interiores ou a ansiedade de seu filho? Evoca novas perspectivas e percepções? Você observou quaisquer mudanças em seu filho, depois de ter criado o conto de fadas? Em caso positivo, que mudanças? De que maneira você pode apoiar qualquer crescimento ou novas perspectivas inspiradas por esse conto?

Lugares: montanha, bazar, mar, vale, piscina, lago, deserto, castelo, desfiladeiro, vilarejo, caverna, túnel, campina, árvore, jardim, floresta, fogo, masmorra, igreja, ponte, cidade, encruzilhada, fonte, buraco, ilha, palácio, rio, navio, templo, torre, vulcão, parede, porta, casa, nascente de água

Animais ou Outras Criaturas: tartaruga, corvo, minhoca, serpente, pomba, baleia, cavalo, peixe, pardal, garça, camelo, ovelha, rato, coruja, sapo, cisne, raposa, crocodilo, cão, gato, andorinha, urso, leão, água, macaco, abelha, porco, golfinho, pavão, boi, lebre, galo, lobo, touro, borboleta, gralha, elefante, leopardo, aranha, veado, abutre, falcão

Seres Mágicos: unicórnio, dragão, anão, gigante, fada, gnomo, sereia, anjo, feiticeira, monstro, mago, adivinho, fada madrinha, fênix, centauro, grifo

Objetos Mágicos: ovo, ouro, caldeirão, anel, marfim, pedra, coroa, concha, cruz, tesouro, semente, cálice, tambor, estrela, chifre, âncora, pérola, sino, flecha, escada, espada, rosa, livro, machado, osso, arco, vela, capa, cristal, diamante, pena, fogo, flauta, taça, almofariz, elmo, ervas, jóia, chave, lâmpada, lira, máscara, espelho, corda, véu, tridente, raio, tocha, espinho, Lua, Sol, fio

Pessoas: tocador de harpa, eremita, cavaleiro, princesa, príncipe, rainha, rei, mãe, pai, avó, avô, músico, homem idoso, mulher idosa, mulher devassa, selvagem, criança, palhaço, fazendeiro, sacerdote, sacerdotisa, freira, monge, donzela, carpinteiro, curandeiro, menina, menino, pirata, cigana, bufão, irmão, irmã, virgem, gêmeos, inválido, amigo, órfão

---

Os contos de fadas têm qualidades terapêuticas, tanto para adultos quanto para crianças. Em *The Uses of Enchantment*, Bruno Bettelheim escreveu: "Cada conto de fadas é um espelho mágico que reflete alguns aspectos do nosso mundo interior... Para aqueles que mergulham naquilo que o conto de fadas tem para comunicar, ele se transforma num profundo e silencioso lago que, a princípio, parece refletir somente nossa própria imagem; porém, por trás dela, logo descobrimos os tumultos interiores de nossa alma — suas profundezas e caminhos para obter a paz dentro de nós mesmos e no mundo, a qual é a recompensa dos nossos esforços" (Bettelheim, p. 309). Nos contos de fadas, as pessoas se defrontam com o sofrimento, a opressão, provas, isolamento, abandono e perda. Todas encontram ajuda e orientação; descobrem um caminho, através das provações, conseguindo amor, felicidade, sabedoria ou riquezas. Os contos de fadas nos asseguram de que quando lutamos com as dificuldades inevitáveis da vida, tais como a perda de um ente querido, podemos nos voltar para a imaginação, buscando os recursos de que precisamos para superar a dor e prosseguir com nossa vida.

Os contos de fadas nos ensinam que, na imaginação, as coisas costumam ser geralmente diferentes daquilo que parecem: uma carinhosa avó pode ser um lobo faminto, sob um feio sapo pode se esconder um príncipe encantado; uma dádiva representar uma maldição. A morte, como a consideramos, talvez não seja o final de alguém. Em muitos desses contos, a morte não é o fim da história ou o fim de uma vida. Uma pessoa pode estar morta numa passagem da história e depois ser restituída à vida num trecho posterior. A morte de Branca de Neve é pranteada por aqueles que a amam, mas esta retorna à vida, ainda mais bela do que antes. Chapeuzinho Vermelho salta das entranhas do lobo, transformada numa jovem donzela. Ao lermos e relermos contos de fadas, aprendemos a nos preparar para novos começos, acontecimentos inesperados e transformações ocultas na morte.

Focalizando a relação entre dois irmãos em seu conto de fadas, um menino de seis anos, que chamarei de Casey, conseguiu expressar e analisar seus sentimentos a respeito da morte do irmão mais velho, que havia ocorrido nove meses antes. A imaginação de Casey o guiou diretamente para a fonte de sua dor não-resolvida — a culpa e a cólera que o tinham envenenado durante meses. Uma vez que havia evitado falar sobre a morte do irmão, o conto de fadas representou um canal de comunicação para Casey e também para a mãe dele. Quando leu a história, sua mãe descobriu como o filho estava lidando com essa perda. A criança escolheu as seguintes palavras: fonte, monstro, caldeirão, gêmeos e pomba. Enquanto sua mãe anotava por escrito, ele criou a história abaixo.

Amor entre Irmãos

Era um vez, numa terra distante, uma pequena cidade. No centro dessa cidade havia uma **fonte**. Sob a fonte, vivia um **monstro** que só comia crianças e gostava de comer **gêmeos**.

Na cidade morava apenas um par de gêmeos, John e Danny. John era o irmão esperto e Danny, o forte. O monstro estava sempre tentando fazer com que os gêmeos pisassem num alçapão que se abria em sua casa.

Um dia, quando John ficou doente, a mãe deles mandou Danny sair para comprar um remédio. Sem John para alertá-lo, Danny pisou bem em cima do alçapão. O monstro o cozinhou num grande **caldeirão** e o comeu.

Quando John soube da morte de Danny, pediu a uma pequena **pomba** para ajudá-lo a matar o monstro. Assim, um dia, com a pomba a seu lado, John colocou-se em cima do alçapão. Ao ser capturado pelo monstro, John pediu à pomba para voar com rapidez ao redor da cabeça do monstro. Depois que a pomba terminou de voar, o monstro, muito atordoado, caiu de costas dentro do caldeirão e morreu.

Porém, a vida de John não estava completa. Ele ainda sentia falta de Danny. Uma noite, um espírito desceu dos céus e lhe disse: "Se você o conservar vivo em seu coração, ele nunca morrerá."

Fim

Nas linhas iniciais desse conto de fadas, Casey dá à morte uma forma com a qual consegue se relacionar: um monstro que arma ciladas e come irmãos gêmeos. Casey, a seguir, delineia cuidadosamente a vingança que o irmão John faz se abater sobre o monstro. Embora Casey, provavelmente, tenha se sentido desamparado ao ver o irmão doente morrer, John não se mostrou indefeso; ele planejou uma maneira de enganar o monstro e depois matá-lo. Essa história, com um conteúdo de cura, ajudou Casey a reviver o trauma da perda do irmão, foi um meio de expressão de sua ira, que estava concentrada numa figura palpável, e lhe permitiu descobrir que o irmão continua a viver em seu coração, onde jamais morrerá.

Capítulo 10

Contato com os amigos

Amizades geralmente mudam em qualidade e intensidade — mesmo em quantidade — após a morte de uma pessoa querida. Devido a novas prioridades e a valores mais claros, aqueles que perderam alguém significativo em sua vida, começam com freqüência a apreciar a importância de suas amizades sob uma nova perspectiva, assumindo maior responsabilidade pela qualidade das mesmas. Isso pode resultar no aprofundamento de algumas amizades e no distanciamento de outras. À medida que a família diminui, com a morte de um ou de ambos os pais, avós e irmãos, seus membros começam a redefinir a visão que têm da família, expandindo-a, com a inclusão de amigos ou conselheiros. O reconhecimento de um sentimento revitalizante de comunidade também poderá ocorrer. Robin descreve exatamente essa experiência.

Depois que meus pais faleceram, meus relacionamentos começaram a mudar, tanto com mulheres quanto com homens. Afastei-me dos que eram negativos, enquanto outros tornaram-se mais positivos e profundos. Passei a escolher minhas amizades mais conscientemente. Agora, creio ter um grupo grande de amigos. Nunca me senti mais amada em toda a minha vida. Li uma citação, tempos atrás, que afirmava: "No ocaso de nossa vida, seremos julgados em função do amor, apenas." Considero-me uma pessoa de sorte por compreender, no auge de minha vida, exatamente o que essa pessoa quis dizer, e saber que o amor é a coisa mais importante. Sinto-me muito mais capaz de amar, não simplesmente outras pessoas, mas a mim mesma.

AMIZADES: NOVAS ABORDAGENS

Embora alguns amigos possam se aproximar, oferecendo apoio e cumplicidade num momento de perda, também é comum que outros se distanciem nesse período crítico, intimidados pelas mudanças no comportamento do amigo que sofreu a perda ou por se sentirem constrangidos pela intensidade das emoções deste. Não raro pessoas relatam que a morte de um membro da família indica quem são seus verdadeiros amigos.

Assim como Robin, Jacqueline desenvolveu um maior discernimento quanto à qualidade de suas amizades, após a morte dos pais. Ao contrário de Robin, sentiu-se menos inclinada a estar na companhia de amigos do que antes, preferindo passar mais tempo com sua família e consigo mesma. Essa foi uma mudança marcante na vida dela, pois Jacqueline havia, anteriormente, dado prioridade aos amigos. Ela me disse: "Não tenho paciência ou energia para ser transigente na questão de amizades. Prefiro muito mais ficar só do que falar sobre coisas superficiais."

Quando você passar por mudanças com relação ao que espera de suas amizades, convém abordar o assunto diretamente e deixar que seus amigos saibam o que, a seu ver, não está indo bem — e, obviamente, o que está. Um grande número de pessoas presume, erroneamente, que seus amigos vêem a amizade da mesma forma que elas; essa falta não reconhecida de congruência pode levar a mal-entendidos. As amizades que sobrevivem têm de passar por inevitáveis ajustes. Minha amiga Eileen mudou para a Europa poucos meses antes de eu saber que meu pai tinha câncer. Nos meses caóticos que se seguiram, eu a procurei, mas ela estava concentrada na tarefa de ajudar a família a adaptar-se ao novo lar. Apesar de meus esforços para explicar-lhe o que eu estava sentindo, ela parecia incapaz de compreender. Finalmente, já desesperada, escrevi-lhe e expressei minha raiva por sua negligência num momento crítico para mim. Ela me telefonou imediatamente da Alemanha e, a partir dessa data, tornou-se muito mais receptiva. Não tendo vivido, ela mesma, a morte de um dos pais, não fazia idéia do que aquilo pudesse representar. Para que nos dêem o apoio e a compreensão que esperamos deles, nossos amigos têm de ser instruídos quanto ao impacto que a morte e o processo de morrer causa numa família.

Embora questões essenciais possam vir à tona numa amizade após o falecimento de um ente querido, aquele que está sofrendo pode se sentir prostrado pela dor e incapaz de analisar essas questões pessoalmente. Nesses casos, a comunicação interior poderá ajudar a aliviar a pressão e proporcionar um sentimento de resolução, até que a pessoa esteja preparada para se comunicar exteriormente.

Algumas vezes, a pessoa que perdeu alguém sente-se muito despreparada e vulnerável para arriscar-se a ser rejeitada. Uma de minhas clientes, Glória, contou-me que, depois da morte da mãe, parou de procurar os amigos e de retornar as ligações deles, o que correspondia a uma dramática mudança em seu comportamento. Da mesma forma, sentia-se solitária e perturbada pelos conflitos que emergiam em seu relacionamento com o parceiro. Antes da morte da mãe, ela tivera um grande grupo de apoio, enquanto que, em sua dor, recorria somente ao companheiro em busca de apoio e conforto. Aquilo exerceu uma enorme pressão sobre esse relacionamento; daí terem começado os desentendimentos.

Ao analisarmos juntas essa situação, Glória descobriu que havia feito suposições sobre a amizade, e que isso estava bloqueando suas opções. Ela achava que era justo ouvir igualmente as preocupações e problemas dos amigos, se procurasse partilhar os seus. Como resultado deste raciocínio, não procurou os amigos naquele período de intenso sofrimento porque lhe faltava energia para ouvir os problemas deles. Conversamos a respeito da possibilidade de compartilhar esse dilema com seus amigos em vez de afastá-los. É sempre fundamental se abster de imaginar o que um amigo quer ou espera, pois tais suposições podem manter a amizade presa a velhos moldes, num momento em que existe uma grande oportunidade de renovação e mudança.

Quando Glória repassou mentalmente suas amizades, identificou algumas pessoas com as quais gostaria de entrar em contato. Outras, ela optou por não procurar porque não estava segura quanto a querer que essas amizades continuassem. Para esses casos, decidiu usar exercícios de comunicação interior em meu consultório para expressar sua raiva e desapontamento pelas reações que essas pessoas tiveram diante do sofrimento dela. A superação dessas antigas mágoas, por meio dos exercícios, ajudou-a a se sentir mais em paz. Com a perda de entes queridos, muitas pessoas passam a perceber, de forma nova e concreta, como os amigos e a família são importantes, conscientizando-se de que eles querem amor em sua vida e não desejam morrer na solidão.

Ray explica que a morte solitária do pai a fez querer aprofundar suas amizades e compartilhar experiências mais significativas com os amigos.

Embora estivéssemos a seu lado, cuidando dele, meu pai mesmo assim morreu sozinho porque tinha sido solitário durante toda a vida. Não quero que isso aconteça comigo, porém reconheço em mim uma solidão extremamente marcante.

Fico sozinha no momento de experiências profundas; posteriormente, eu as relato aos meus amigos. Não tenho experiências intensas e plenas de significado junto com eles. Esta é outra de minhas válvulas de segurança. Acho que isso está relacionado com minha falta de confiança. Meu pai me dizia: "Ninguém gosta de você. As pessoas apenas fingem gostar." Isso era uma projeção dele próprio. Creio que ela realmente me afetou. Estou sempre na expectativa de que alguém falhe comigo.

Como no caso de Ray, nossos relacionamentos com outras pessoas podem ser inconscientemente afetados pelos comentários e projeções de nossos pais e também por seus julgamentos não-expressos. Após a morte de um ser querido, quando uma nova lucidez nos permite observar a nós mesmos intimamente e sob outra perspectiva, poderemos começar a reconhecer essas projeções e a desafiar o poder que elas têm sobre nós.

Para resumir, a morte de um ente querido numa família pode iniciar ou romper uma amizade. Observem como Robin, Ray e Glória passaram a considerar mais seriamente as amizades. As três aceitaram a responsabilidade de aprofundar amizades potencialmente enriquecedoras, enquanto se afastavam daquelas que identificaram como desgastantes e incompletas. Elas fazem parte de um grupo muito maior de pessoas, cuja experiência de perder um ente querido as transformou em amigos melhores, expandindo sua capacidade de demonstrar compaixão, honestidade e compreensão.

Como se Comunicar com os Amigos

Uma vez que a comunicação com os amigos pode ser difícil ou tensa durante o período de luto, convém dispor de várias opções de contato. Se falar com um amigo lhe for penoso, tente escrever-lhe uma carta. Quando isso não produzir resultados, as técnicas de comunicação interior poderão ajudá-lo a tratar de questões delicadas, expressar seus sentimentos e compreender a posição da outra pessoa. Por exemplo, você talvez queira usar a imaginação para encontrar seu amigo num local de cura ou manter um diálogo interior com ele.

Informe aos amigos o que você deseja e precisa receber deles. Ofereça algumas sugestões de como eles poderão ajudá-lo e apoiá-lo — quem sabe trazer-lhe uma refeição, realizar algumas tarefas fora de casa, massagear suas costas, caminhar a seu lado, visitá-lo regularmente. Deixe claro que necessita afastar-se (se isso for o que você precisa). Incentive-os a procurar entender a dor causada pela morte de um ente querido, de forma que eles possam saber o que esperar. Lembre-os de que o sofrimento leva muito tempo para ser superado.

Em caso de se sentir vulnerável ou dominado demais pela dor para conversar, escreva uma carta a seu amigo, expressando o que você precisa e deseja, bem como o que essa amizade significa para você. Identifique algum comportamento de seu amigo que vai contra as suas necessidades. Por exemplo, seu amigo poderá estar evitando falar sobre o seu sofrimento, quando é justamente isso o que você quer fazer.

Se decidir não se comunicar, mas precisa abordar quaisquer questões não-resolvidas no relacionamento, use as técnicas de comunicação interior, particularmente o exercício 1, Um encontro interior, do Capítulo 7.

Quando se sentir preparado, fale com seu amigo. Volte ao exercício 2, Um encontro exterior, do Capítulo 7. Prepare-se cuidadosamente, refletindo sobre suas preocupações com antecedência, pois poderá identificar e abordar quaisquer mudanças que tenham ocorrido em sua amizade, como resultado de seu sofrimento.

Sugestões para os Amigos

Para apoiar melhor seu amigo que passa por um período de luto, lembre-se de que a utilização das técnicas de comunicação interior irá auxiliá-lo a conservar a ligação entre vocês, mesmo se ele ou ela tiver se afastado. Você poderá trabalhar com imagens, para encontrar-se com seu amigo num mundo imaginário, escrever uma carta ou elaborar um diálogo. As seguintes sugestões também irão ajudá-lo a integrar a dor em sua expressão de amizade no dia-a-dia.

Procure compreender o que seu amigo, prostrado pela dor, está passando. Leia livros sobre o assunto, ouça fitas, converse com outras pessoas que já perderam entes queridos. Não se surpreenda caso seu amigo se comportar de forma emotiva, rude, ficar inquieto e se mostrar imprevisível. Não espere uma volta imediata à normalidade. Seu amigo poderá querer vê-lo algumas vezes e ficar sozinho em outros momentos. Ele talvez queira conversar em algumas ocasiões e permanecer em silêncio a seu lado em outras. Deixe que seu amigo o informe sobre o que é necessário, aos olhos dele.

É importante aceitar a morte e o impacto que esta teve sobre seu amigo. Reconheça que ele se encontra num estado emocional alterado. Compreenda, se puder, que o estado de espírito do seu amigo poderá mudar abruptamente, e que o simples contato lhe será muito confortador. Expresse interesse pelos sentimentos e preocupações dele. Lembre-se de que você não tem de fazê-lo sentir-se melhor. Se ele chorar, ofereça o máximo apoio que conseguir. Se precisar falar, escute. Seja leal com relação a confidências. Evite lhe dar muitos conselhos, mesmo que se sinta impelido a fazê-lo, devido à sua impotência em face de uma dor tão forte.

Ajude em pequenas coisas. Você poderá levar-lhe comida e flores, oferecer-se para resolver algum assunto pendente ou enviar cartões, ou então telefone-lhe regularmente.

Esteja disposto a admitir sua impossibilidade de resolver a situação e seja honesto consigo mesmo se se sentir incomodado ou assustado pela intensidade dos sentimentos de seu amigo. Talvez você tenha necessidade de se afastar por algum tempo. Se isso ocorrer, deixe que seu amigo saiba o que você pretende fazer.

Tente não encarar a rejeição como algo pessoal. Muitas pessoas que atravessam momentos de dor não conseguem ser atenciosas ou delicadas.

Sua amizade provavelmente irá mudar durante esse período. Alguns laços se tornam mais profundos, enquanto outros tendem a se afrouxar, tornando o distanciamento inevitável. Lamente a perda da velha amizade e esteja aberto a mudanças.

A amizade é profundamente afetada e mesmo transformada pelo sofrimento. Aqueles que perderam uma pessoa querida com freqüência são compelidos a aprimorar a qualidade de suas amizades, o que pode levar ao aprofundamento de algumas e ao término de outras. Aqueles que estão de luto podem exigir mais dos amigos, mas descobrem também que, quando o estágio agudo da dor já passou, são capazes de dar o melhor de si, especialmente se solicitados a apoiar amigos que estão sofrendo uma transição semelhante na vida.

Do ponto de vista do amigo, enquanto algumas pessoas podem se sentir levadas a apoiar um amigo em sua dor, outras sentem-se oprimidas pela intensidade dessa dor e tendem a se afastar. Thomas Moore nos lembra de que, em ambos os casos, a amizade pode continuar a viver na imaginação: "A eternidade se faz sentir, tanto em relacionamentos longos quanto naqueles que duram somente um curto período. Em nenhuma das duas situações, a alma está preocupada com o tempo literal, mas, sim, com o caráter do acontecimento. Se este evocar a eternidade, então a amizade em si permanecerá na imaginação por um tempo indefinido, mesmo que isso não ocorra com o relacionamento pessoal" (Moore, p. 97).

Quando nos defrontamos com a nossa solidão e mortalidade, ao perdemos um ente querido, renovamos o contato com o nosso eu, descobrindo quem somos, e nos arriscando a uma nova definição de nós mesmos como seres humanos. Com um sentido mais claro do eu e disposição para nos comunicar, embora respeitando diferenças, podemos expor com uma nova lucidez nossa posição num relacionamento, posição esta baseada em nossas próprias prioridades e valores. Essa nova congruência entre realidade interior e exterior pode nos possibilitar a agir e não meramente a reagir, construindo, dessa forma, a base para uma comunicação e intimidade reais em nossos relacionamentos.

Epílogo

"O final é o lugar de onde começamos", escreve T. S. Eliot. Quando lemos as últimas páginas de um livro, chegamos ao seu fim, mas, se esse livro foi significativo para nós, o final do livro é também um início. Ao fechá-lo, absorvemos em nosso interior aquilo que nos tocou e nos inspirou. O que lemos numa determinada página tornar-se-á, então, parte de nós mesmos e de nossa vida. O mesmo acontece quando um ente querido morre. Aquela vida terminou. Contudo, se essa pessoa o tiver tocado profundamente, ela passará a fazer parte de você. Você levará essa pessoa sempre dentro de si. Muitas outras culturas consideraram esse processo inquestionável; nelas, cultivar o relacionamento com os ancestrais é parte integrante da vida diária. Bem no fundo de nós mesmos, também temos esse conhecimento, mas é preciso que nos lembrem dele.

Espero que este livro tenha desafiado quaisquer suposições que tornaram difícil para você manter-se ligado a um ser amado já falecido; por exemplo, que a morte pôs um ponto final no seu relacionamento com entes queridos, que é muito tarde para uma reconciliação e que você deve se resignar a viver com suas lembranças e tristeza. Eu o incentivo a deixar que sua imaginação o guie para além desses conceitos limitantes e o faça penetrar no desconhecido, onde possibilidades, que superam seus sonhos mais extraordinários, estão à sua espera. Sua imaginação é uma entidade criativa, uma força estimulante e terapêutica, que poderá restituir-lhe as pessoas que você considerava perdidas.

A imaginação o renova, fazendo-o ultrapassar sua zona de segurança e aventurar-se rumo a novas experiências. Até que sua imaginação o demonstrasse, Kira não podia conceber-se abraçando seu pai ternamente. Antes que a imaginação lhe permitisse ver, Candace considerava impossível testemunhar a vida do pai, por meio dos olhos deste. Muitas das passagens que Candace observou lhe foram dolorosas, em particular a cena na qual seu pai tentara, sem sucesso, colocar um fim num casamento que era controlado pela sogra. A imaginação cura, se você puder esperar pelo que virá e arriscar-se a ver e ouvir o que ela lhe apresentar. Ao se comprometer a cultivar e aprofundar seus relacionamentos com pessoas queridas falecidas ou, nesse sentido, com aqueles que ainda estão vivos, os exercícios de comunicação interior descritos neste livro o tornarão apto a expressar amor, resolver questões pendentes e encontrar novas possibilidades de se relacionar. Lance mão da liberdade que a imaginação lhe proporciona: para exprimir-se sem restrições, para eliminar antigos padrões de relacionamento, para conhecer o íntimo de outra pessoa. Você poderá sentir-se feliz e entusiasmado ao encontrar novos caminhos para velhos impasses em sua ligação com outras pessoas. Será imensamente grato por receber ou dar amor, se isso não foi possível enquanto a pessoa vivia. Poderá mostrar-se vulnerável ou rude quando tocar em velhas feridas ou quebrar velhos tabus. Algumas vezes, certamente ficará desanimado e demonstrará resistência quando se defrontar com percepções desagradáveis ou sentimentos incômodos.

Você terá muitos desses sentimentos e passará por diferentes estágios, enquanto consolida um novo relacionamento. Em primeiro lugar, terá de experimentar a liberdade de expressão quanto ao que pensa, sente e quer, incluindo tudo o que foi reprimido, refreado ou silenciado em seu relacionamento. Amy colocou em palavras sua tristeza e ressentimentos na carta que escreveu para o pai falecido; só então sentiu-se preparada para perdoá-lo e perdoar-se. A expressão honesta e autêntica de sentimentos, por meio da imaginação, o auxiliará a desenvolver um sentimento de merecimento e autoconfiança, que é essencial na criação de um relacionamento saudável.

No segundo estágio do estabelecimento de um novo relacionamento, por intermédio de uma resposta escrita ou oral, você aprenderá a dar voz a uma outra pessoa. Ao fazê-lo, poderá perceber que se encontra simultaneamente dentro de você mesmo e do outro, uma experiência que o colocará em contato com os sentimentos e pensamentos dessa outra pessoa. O processo se tornará ainda mais intenso quando, trabalhando com a imaginação, você entrar em contato com o íntimo do outro e observar o mundo pelos olhos dele. Subitamente, você verá o relacionamento da perspectiva da outra pessoa. Compaixão, entendimento e mesmo o perdão despertam naturalmente durante esse estágio.

No terceiro estágio, um novo relacionamento terá finalmente emergido. Esteja preparado para mudanças que não pareciam possíveis antes. Quando se comunicar com seu ente querido, o diálogo passará da resolução de problemas passados para uma expressão de intimidade no presente. Após experiências repetidas de ligação com seu ser amado por meio da imaginação, seu coração irá reconhecer uma presença confortadora e positiva vivendo em seu íntimo — uma presença que lhe proporciona a confiança de que estará acessível sempre que for solicitada.

Entretanto, você descobrirá que essa presença contém mais do que você esperava: uma sensação de luminosidade, sabedoria e de paz imensurável. Você estará face a face com uma força de vida sagrada que pulsa no âmago de todos os seres. Pelo cultivo e aprofundamento de seu relacionamento interior com seu ente querido, você terá tocado o divino.

Bibliografia

Achterberg, Jeanne. *Imagery in Healing*. Boston: Shambhala, 1985.
Allende, Isabel. *Paula*. Nova York: HarperCollins, 1994.
Ashley, Judy. "My Mother's Hair" in *Loss of the Ground-Note*, H. Vozenilik, org. Los Angeles: Clothespin Fever Press, 1992.
Bettelheim, Bruno. *The Uses of Enchantment*. Nova York: Vintage Books, 1989.
Bradshaw, John. *Bradshaw On: The Family*. Deerfield Beach, Flórida: Health Communications, Inc., 1988.
Callanan, Maggie, e Patricia Kelly. *Final Gifts*. Nova York: Bantam, 1993.
Doore, Gary, org. *What Survives?* Los Angeles: Jeremy P. Tarcher, 1990.
Ebbinger, Paul. *Restless Mind, Quiet Thoughts*. Ashland, Oregon: White Cloud Press, 1994.
Eliot, T. S. *Four Quartets*. Nova York: Harcourt Brace Jovanovich, 1943.
Epel, Naomi. *Writer's Dreaming*. Nova York: Vintage Books, 1993.
Gray, John. *Men are from Mars, Women are from Venus*. Nova York: HarperCollins, 1992.
Hijuelos, Oscar. "Oscar Hijuelos, Cuban Author." Entrevista em "Fresh Air", National Public Radio, 1989.
Hillman, James. *The Dream and the Underworld*. Nova York: HarperCollins, 1979.

Houston, Jean. *The Search for the Beloved*. Los Angeles: Jeremy P. Tarcher, 1987.

Jung, C. G. *Memories, Dreams, Reflections*. Nova York: Vintage Books, 1961.

Jung, Carl. "The Spirit Mercurius" in *Alchemical Studies* Vol. 13 de *The Collected Works*, Princeton, N.J.: Princeton University Press, 1943.

Kalish, Richard A. e David K. Reynolds. "Phenomenological reality and post-death contact", *Journal for Scientific Study of Religion*, 1973, 12, p. 218.

Kalish, R. A. e D. K. Reynolds. *Death and Ethnicity*. Los Angeles: University of Southern California Press, 1976.

Kaplan, Louise J. *No Voice is Ever Wholly Lost*. Nova York: Simon and Schuster, 1995.

Kennedy, Alexandra. *Losing a Parent*. San Francisco: HarperCollins, 1991.

Kennedy, Alexandra. "Writing Fairy Tales." *Mothering Magazine*, primavera de 1993.

Kramer, Kenneth P. *Death Dreams*. Nova York: Paulist Press, 1993.

Larsen, Stephen. *The Mythic Imagination*. Nova York: Bantam, 1990.

Lerner, Harriet. *The Dance of Intimacy*. Nova York: HarperCollins, 1989.

Levine, Stephen. *Who Dies?* Garden City, Nova York: Anchor Books, 1982.

McLeod, Beth Witrogen. "The Caregivers" in *The San Francisco Examiner*, 9 de abril de 1995.

Mindell, Arnold. *Coma: Key to Awakening*. Boston: Shambhala, 1989.

Moore, Thomas. *Soul Mates*. Nova York: HarperCollins, 1994.

Nietzsche, Friedrich. *The Portable Nietzsche*. Nova York: Viking, 1977. .

Nouwen, Henri. *In Memoriam*. Notre Dame, Indiana: Ave Maria Press, 1980.

Roth, Philip. *Patrimony*. Nova York: Simon and Schuster, 1991.

Saint-Exupèry, Antoine de. *The Little Prince*. Nova York: Reynal & Hitchcock, 1943.

Satir, Virginia. *The New Peoplemaking*. Mountain View, California: Science and Behavior Books, 1988.

Saunders, Dame Cicely. "I Was Sick and You Visited Me" in *Christian Nurse International*, nº 4 (1987).

Savage, Judith. *Mourning Unlived Lives*. Wilmette, Illinois: Chiron Publications, 1989.

Silverbird, Kira. "Losing and Finding My Father", manuscrito não publicado.

van der Post, Laurens. "Dialogues with Sir Laurens van der Post: A Mythic Life." Entrevista em New Dimensions Radio, fita nº 2474, dezembro de 1994.

Von Franz, Marie-Louise. *On Dreams and Death*. Boston: Shambhala, 1987.

Von Franz, Marie-Louise. *The Way of the Dream*. Boston: Shambhala, 1994.

Walsh, Roger N. *The Spirit of Shamanism*. Los Angeles: Jeremy P. Tarcher, 1990.

Watkins, Mary. *Waking Dreams*. Dallas, Texas: Spring Publications, 1976.